U0869216

赢者思维

管理者必学的七堂课

许林芳◇著

電子工業出版社
Publishing House of Electronics Industry
北京·BEIJING

内容简介

所谓管理，根本上是对人性的管理。管理是什么？最直白地讲，就是通过别人拿结果。很多人坦言自己原本很想成为管理者，但好不容易晋升到管理层，却发现做管理者比做普通员工还累。收入没有之前高，还要受很多委屈，甚至还得去讨好和取悦员工。对比之下，根本没有做业务时自己拿业绩那么爽快，也失去了原有的成就感，感觉很迷茫，不知道自己是否适合做管理者。

本书内容源自阿里巴巴集团成立20多年来，管理者上岗前必上的七节课。作者许林芳老师系阿里巴巴前大政委，有20年管理经验以及多年企业“陪跑”经验，对管理有深刻认知。本书包含七个板块：管理者角色认知、时间管理与会议管理、有效沟通、目标管理、团队建设、人才激励、人才培养。

希望本书能为管理者解决管理的痛点，尤其能给管理新手提供系统的知识辅导！

未经许可，不得以任何方式复制或抄袭本书之部分或全部内容。
版权所有，侵权必究。

图书在版编目（CIP）数据

赢者思维 ： 管理者必学的七堂课 / 许林芳著. 北京 ： 电子工业出版社, 2024. 7. -- ISBN 978-7-121-48515-2

Ⅰ. F724.6

中国国家版本馆CIP数据核字第2024GJ3765号

责任编辑：张彦红
文字编辑：高丽阳
印　　刷：三河市君旺印务有限公司
装　　订：三河市君旺印务有限公司
出版发行：电子工业出版社
　　　　　北京市海淀区万寿路173信箱　　邮编：100036
开　　本：880×1230　1/32　印张：8.75　字数：224千字
版　　次：2024年7月第1版
印　　次：2024年10月第2次印刷
定　　价：69.00元

凡所购买电子工业出版社图书有缺损问题，请向购买书店调换。若书店售缺，请与本社发行部联系，联系及邮购电话：（010）88254888，88258888。

质量投诉请发邮件至zlts@phei.com.cn，盗版侵权举报请发邮件至dbqq@phei.com.cn。

本书咨询联系方式：faq@phei.com.cn。

前言

Preface

很多人坦言自己原本很想成为管理者，但好不容易晋升到管理层，却发现做管理者比做普通员工还累。收入没有之前高，还要受很多委屈，甚至还得去讨好和取悦员工。对比之下，根本没有做业务时自己拿业绩那么爽快，也失去了原有的成就感，感觉很迷茫，不知道自己是否适合做管理者。这些心路历程我非常理解，因为我也经历过这个阶段。

我在阿里巴巴做销售的时候业绩是顶尖的，我如果称第二，没人敢称第一。这样的业绩带给我很高的成就感，每个月我都可以上台分享经验，台下的同事看到我就像看到了超人，争先恐后地请我吃饭，找我取经。我的收入甚至超过了我的主管，我只用管好自己分内的事，没有那么多琐碎的事情需要协调，我非常享受这样的感觉。

后来，我准备挑战更高的位置，于是向公司管理层表达了要做主管的意愿。当时公司先安排我做组长，结果刚做了两个月就通知我可以晋升为主管了。我其实没有做好准备，虽然未来想做主管，但不确定现在自己的能力是否已经可以胜任，另外，公司当时有“百万俱乐部”，只要年销售额达到100万元，就可以拿到2万股的期权，还可以获得COO的一首赠诗，这对我来说是很重要的激励。我前半年的业绩已经达到了70万元，觉得此时放弃非常可惜。于是我问我的上司，是否可以等到我完成100万元销售额目标之后再升职做主管。

上司对我说：“你还记得当初的职业方向吗？”我回答说记得。他说：“很多事情不一定是按照你的计划来的，可能会提前，也可能会延后，今天公司确实需要你到那个岗位上去，哪怕你担心自己的能力不够，公司也可以在岗培养你。”

我在公司一直都很有归属感，因为公司一直很重视我，也给了我很多机会，我心里很是感恩。公司的队伍越来越大，需要有更多人管理，这个时候管理层需要我，我该给公司做贡献了。上司对我说，我需要在新的管理岗位上成长，在这个过程中一定会有痛苦，但成长速度会很快。

于是我答应了这次晋升，并做好了客户交接工作，放弃了很多自己的利益。

果然，一上岗，我的痛苦就来了。第一，每天忙着开各种会议，进行各种协调和沟通；第二，精力被各种琐事消耗，没法投入自己最擅长的销售工作，成就感锐减；第三，总收入变低。那几个月我内心非常纠结，几次想走进上司办公室，表达自己还是想重新做销售的意愿，但最后还是没有开口。

做主管的那半年，我整整瘦了 6 斤，压力大到茶饭不思，整个人非常憔悴。当时公司也没有完善的制度来培养管理者，我们是“试验田”。

现在回头来看，我很感谢那段时光，虽然当主管的错误一个也没少犯，比如，靠自己单打独斗，没有耐心辅导员工，没有耐心做协同工作，开会时搞“一言堂”，不会因材施教，没有把团队成就看成自己的成就……可以说这本书里我写的所有反面案例，都是我的血泪经验。

幸运的是上司开始辅导我，我终于明白了为什么我带不好团队。我也明白了，我没有找到正确的管理方法，所以才会干得那么费劲，但这并不代表我不适合做管理者。这让我卸下了心里的负担。

于是，我开始摸索正确的方法并付诸实践，一步步从主管做到经理，再到大区经理，然后成为人力资源部负责人，直到今天我开启了管理咨询业务。这些都要感谢我经历过的那些磨难和挫折，如果这一路过来一帆风顺，我就不会有今天的成就。

我的感悟是，人成长最快的时候就是最痛苦的时候，因为痛苦了才知道自己需要去学习、去提升。

如果当时我敲开了上司的门，说我还是要回去做销售，那么今天我依然还是一个销售员，不可能成为给大家讲管理课的许老师。

所以，我想告诉所有从员工晋升为管理者的人，你并不孤独，我也经历过同样的痛苦。

这是成长的必经之路，你要抓住机会，因为你马上就要开始蜕变了。

作为一个蜕变成功的人，为了减少大家“升级打怪”路上的痛苦，我把这些年自己踩过的雷一一总结出来，进行复盘，将成功的经验分享给大家。

想成为成功的管理者，有些课必须上。

第一，管理者角色认知。要明确员工和管理者的不同之处，管理者不是一个大号的员工。做不好角色转换，管理必然失败。

第二，时间管理与会议管理。时间在哪儿，产出就在哪儿。如果时间都花在签单上，那么产出就是你一个人的业绩；如果时间都花在人员激励、复制团队的优秀上，你就能发挥出 10 个人的价值。

第三，有效沟通。管理者通过他人拿结果，但并不是吩咐了员工对方就会做。尤其是现在的年轻人非常有自主意识，如果用职务权力直接下发命令，你会发现很多事推进不下去，所以必须学会通过沟通影响他人。

第四，目标管理。在真正好的目标管理设计中一定是能者多劳，如何找到“能者”的个人目标和公司利益的连接点，考验的是管理者的水平。

第五，团队建设。在实现目标的过程中有大量的沟通和协调工作，在不同阶段有不同的关键数据需要去追踪。关键数据不是结果，而是导致结果的原因。在每次成功之后，都要把成功的方法论总结出来，复制给团队 80% 以上的人，这样你就可以让成功最大化、批量化。

第六，人才激励。成功的管理者要从物质、精神和发展机会上去激励员工。

第七，人才培养。管理者不但要会用人才，而且要懂得如何做人才培养。进一步说，其实每一个管理动作都是在做人才培养。

如果管理者没有学会上述这些要点，哪怕做了三五年的管理工作，实质上也只是菜鸟。

这也是很多公司老板抱怨总是找不到合适的管理者的原因。不是一线业务做得好就能做好管理，还要经过专门的学习才能实现这个目标。

这本书就是基于此而写的，我在此分享给所有管理者、进阶者和想破局突围的人，希望大家读完之后能有所收获。

目 录

Contents

第三章　用对同理心，搞定沟通

沟通能力会影响一个人的职业走向。这也是这两份调查报告给我们的最大启发——要重视沟通能力的提升。

第四章　定目标的关键是每个环节落地成功

团队里有这样一条“鲇鱼”非常重要，他能激起身边同事的活力和好胜心。你如果比较了解自己的团队，就可以跟合适的员工谈话，请他协作，利用他的目标去提升整个团队的目标。

第五章　有优秀的团队才能有最好的业绩

你要灌输的第一个理念就是在优秀团队中才能够提拔干部。一家真正优秀的公司选拔人才应该唯才是用，老员工靠资历是混不到管理层的。

第六章　会激励才能用好人

马斯洛说，一个人的动机是由他的需求决定的。那么，为了充分挖掘员工的潜力，激励的方式应该因人而异。

第七章　靠自己干不如培养一批优秀的人

真正的管理者绝不能只像个监工一样，而是要培养人。如果一个个骨干从你手上成长起来，那么你的领导能力将会有目共睹，你未来的价值毫无疑问会越来越高。

第一章

把个体成功复制成团体的进阶心法

高效率的管理可以帮助公司快速实现运营目标。优秀的公司无不拥有自己独特的管理模式和方法，它如同公司的血液，悄悄流淌在公司运营的每个环节：员工培养、团队建设、公司战略……

骨子里浸染着武侠理想主义色彩的阿里巴巴，比照著名武侠小说《七剑下天山》，将自己公司的运营基础——管理方法论称为“管理七剑”。

常见的五种管理者

“赢者思维”是阿里巴巴集团成立 20 多年来，管理者上岗前必上的七节课。第一节课就是明确管理者的角色和职责。

所谓管理，根本上是对人性的管理。

管理是什么？最直白地讲，就是通过别人拿结果。作为一个管理者，如果你通过自己拿结果，那你就像一个普通的公司骨干，是不称职的。

你要明白必须通过员工拿结果的道理。为什么许多事情还是你自己在做？影响你拿结果的因素是什么？第一是员工能力问题，他不会做；第二是他不想做、不愿意做，这是态度或意愿问题。

影响员工能力的因素可能是没有培训、没有辅导，也可能是没有给出清晰的流程和岗位职能。

影响员工意愿的因素可能有：（1）公司缺乏激励政策，没有激励不就是干多干少都一样吗？（2）身边的同事不认可他，同事间没有信任。（3）企业文化他不认同，团队的氛围他不喜欢，身边的同事他不喜欢，他做事情不开心。

意愿和员工的驱动力直接相关。所谓的“打工心态”就是：我为什么要在这里工作？如果我只满足于拿最基本的工资，我为什么要把它做好？我干吗一定要往上走呢？如果我来这里工作只是为了谋生和打发时间，为什么要吃苦让老板赚大钱呢？

员工这样想，很多时候是因为管理者没有帮这些员工找到内在驱动力，没有启发其主观能动性，没有激发其潜在的精神需求。

想通过别人拿结果，管理者自身要做到两点：

首先，要完成管理者的角色转换。做管理者，就不能凡事都亲力亲为，把所有的工作都揽到自己身上，而是要选中有能力的员工并激发对方的意愿，让他分担更多工作。

其次，要弄清楚管理者和员工的区别是什么。

做个简单的比喻：员工是运动员，而管理者则是教练。运动员通过自己的努力拿结果；教练则把运动员组织起来，进行训练、指导，再根据每个运动员的特长排兵布阵——有人做前锋，有人当后卫，有人是替补，有人是自由人……然后带着这个团队去赢取胜利。

员工拼的是自己的能力，管理者靠的是知人善用。

当你是一个员工的时候，你通常需要解决的是一件事情，而当你做管理者的时候，会发现面对的是一堆事情——谁的态度有问题了，谁撂挑子了，谁跟谁有矛盾了……你要解决一堆关于人际关系的问题，还有一堆会议等着你参加。你的角色变了，你有上司、员工、平级同事，还有合作伙伴。所以，你能做好一个员工，不意味着能做好一个管理者。

当你晋升为管理者的时候，问问自己，你真的能胜任吗？管理者最容易犯的五个错误，你有没有犯？

下面我就分五种管理者类型来讲讲这些错误。

保姆型管理者

何谓“保姆型管理者”？就是事必躬亲，大事小事都亲力亲为的管理者。员工不会干、干不好的事，他就拿过来自己干，总站在员工的角度包办一切。

如果有员工抱怨公司，说公司的目标太高，公司的制度不合理，公司的激励措施有问题……他就会同员工站在同一层级上思考，觉得员工说得有道理。

当你成为一个保姆型管理者的时候，实际上你的员工就没有了成长的空间。管理是通过别人拿结果，当你还在通过自己拿结果而没有锻炼队伍的时候，你就不是真正在做管理。

什么样的管理者容易犯这样的错误？就是眼里只有事情的管理者。假如你的眼里只有事情，你一看有一摊子的事情，于是你就很急，很想把这些事情迅速做完。你原本就是一个解决问题的高手，这些问题让你来处理，你不仅能把握住，而且效率还极高。

面对那么多问题，第一时间就想扑上去把事情解决了，这是一个优秀员工的思维惯性，然而它不适用于优秀的管理者。

如果你不把问题交给员工，不把解决问题的方法教给员工，你会发现这些事情永远只有你会干，员工不会干或干不好，到头来员工就会对你形成强烈的依赖：只要碰到这种问题，就让你解决。

那么请问，你又如何能通过别人拿结果呢？

怎么从你团队的现状看出自己是不是保姆型的管理者呢？很简单，就是看你的团队里是不是有自己的接班人，或者第一梯队。

如果你带了这个团队一两年之后，你的业务能力依然是这个队伍里最强的，那一定是你自身出了问题。你犯了保姆型管理者的错，亲力亲为把所有的问题都解决掉了，导致你的员工没有锻炼、提升的机会，他们与你的差距始终存在。

那么你就该问问自己，为什么你会做的事情他们不会做？也许是你根本就没有意识到应该把他们教会，或者意识到了却没有选择去教——因为你觉得教人这件事情太费时间了，花那么多的时间教他们，还不如自己干。

还有一个原因：你怕他们犯错，但你自己做不会犯错，而且效率极高。你 1 个小时能解决的问题，交给员工去做，5 个小时都不一定能解决。在这种情况下，你永远是团队的保姆，你疲于奔命应付紧急事务，没办法去带更多的人，没办法去承担更大的责任。

自然，你也失去了进一步升职的机会。你在这个岗位上就已经很忙了，怎么可能让你再晋升到一个更高、更重要的岗位上，让你管理更多的部门呢？

管理学上著名的彼得理论，讲的是员工经常从一个完全能胜任的岗位晋升到一个自己不能胜任的岗位。也就是说，你只有在这个岗位上完全胜任了，公司才会让你晋升。在这个岗位上你有余力，你的团队具有凝聚力，你的团队人才梯队清晰，你在比较轻松的情况下就能拿到结果。在这种情况下，你能感觉到自己真的像个领导，那么恭喜你，你不会在这个位置上停留太久，你将会晋升。晋升到哪儿？到一个你不能轻易胜任的岗位，直到你完全胜任了，然后再一次晋升。

所以，你也不用抱怨自己的上司，说他的能力不行，当他的能力已经完全能够管理好这个团队，并且有余力去做更多事情的时候，他很快就会成为你上司的上司了。人最痛苦的时候就是成长最快的时候，而最舒适的时候其实是成长最慢的时候。

成为保姆型管理者还有一个原因，就是管理者不想教。有一句话叫“教会徒弟，饿死师父”，如果师父把徒弟都教会了，那公司会不会卸磨杀驴？这种心态对你的成长会有什么影响？你在主管的位置上，公司对你的期待是做一些赋能、培训、授权工作，而你被私心驱使把精力放在员工该做的事上，这样怎么会成为合格的领导者呢？

还有一种情况，如果你觉得有些员工总也教不会，可能也是你的问题。除去方法问题，教不会有两种情况：（1）员工太笨；（2）员工太固执。那么，这种员工你是怎么招进来的？如果不是你招进来的，那好，太笨是能力问题，太固执是态度问题，一个能力或者态度有问题的人，该不该留？他的绩效跟不上这个团队，一定会垫底，那么就应该请他离开。

对于这样的员工，你如果留着他，又抱怨他学不会，培养不起来，那不是你的问题又是谁的问题？

有句话说“海水不怕瓢舀”，如果你自己是一片海，还怕瓢舀吗？员工的成长其实是会倒逼着你自己成长的。水有流入也有流出，才能保持新鲜。

千万不要想“我只要在这家公司保住我的位置就够了”。请问，你们公司要不要成长？公司如果不成长，绝对活不久，因为市场在变化，竞争对手也会日益强大。公司在成长，而你没有成长，你的团队没有成长，你不被换掉谁被换掉？

比如，之前有一次大厂的震荡，裁员时裁掉最多的就是熬到公司管理层的这些人。为什么？因为他们对公司的贡献越来越小，培养不出新人，又没有拿出一个让人惊艳的结果，公司也看不到他们未来成长的空间。

唯有成长才能够让你度过危机。

所以，给大家一个建议，千万不要做保姆型管理者。

甩手掌柜型管理者

跟保姆型管理者完全相反的是什么都不管的甩手掌柜型管理者。

什么叫甩手掌柜呢？就是假如有员工问你："老大，这个事情你看怎么办？"你会说："你自己看着办。"当公司的老板给你分派了一个项目或者目标，你再分派下去后，老板问你："我上次交给你的那件事情进展得怎么样了？"你说："等一会儿。"然后就去给手下打电话询问进展。

千万不要认为甩手掌柜型管理就是授权型管理，两者完全不是一回事。

授权型管理是无论你把任务授权给谁，对方的进度你始终明了，执行过程中你会对进度进行管控，会给员工赋能，激励员工，你知道你把事情交给了什么样的人，也知道要去做哪些辅导、跟进。

做甩手掌柜其实是非常可怕的。员工遇到问题你不去帮他解决，也不去辅导他，只是把这个责任甩出去了。最后拿到结果是你的功劳，是你领导有方。拿不到结果呢？就怪员工有问题。

我相信现在的管理者已经很难做甩手掌柜了，但在很多小公司里这种类型的管理者还是有的。在一些大公司中，也有人热衷于搞人际关系，只满足于对上负责，向下就做甩手掌柜。一些体制内的单位中，也会存在一些甩手掌柜型的管理者。

虽然管理者通过别人拿结果，但也要付出，要培训、辅导员工，提升他的能力，还要激励他，给他赋能，调整他的态度，在他出现问题时要及时与他沟通，这些都是管理者应该做的事。如果这些事你都不做或者做不到位，那说明你自己在这个体系里是可有可无的。你把责任甩出去了，同时也把自己给甩出去了，这不可怕吗？

土皇帝型管理者

什么叫土皇帝型管理者？这种管理者时刻记得自己是个干部、是个领导，身为公司的一个干部，就想象自己是一方诸侯或小国之君，凡事以自己为中心。

其实现在想做“土皇帝”还挺难的。比如，你完全以自我为中心，开会的时候搞“一言堂”：“今天我们开会，我想说三个问题，第一个……第二个……第三个……我希望大家回去把这三个问题解决掉。有没有问题？没问题？那大家就按照我说的去做。”你觉得今天按这种方式来管理可行吗？“一言堂”也许曾经对“60后”“70后”管用，但现在的“90后”“00后”还会听这一套吗？不会，他们会倒逼你，你想成为“土皇帝”越来越难了。

当年的那些员工为什么听话？因为他们的物质生活没有得到保障，他们工作就是为了拿工资，他们会告诉自己，“我的工资包含我所受的委屈”。

过去有一种官本位文化，“人家是当官的，人家是领导，领导就应该有领导的做派”。可以说很多老一辈人从小怕到大，小时候怕老师，长大了怕领导。而“60后”“70后”很多时候的职场心态就是这样的。但面对“90后”“00后”，再搞这些就真的太不现实了。

土皇帝型管理的弊端其实是很容易找到的。

那么，“土皇帝”谈目标的时候通常采用什么话术？举个例子：

“你这个月目标定的是多少？8万元？你怎么能定8万元？8万元太少了，我觉得按照你的能力你完全可以做到10万元的。你看看上个月，你还请了几天假，你要是没有请假，目标10万元完全可以达到，对吧？”

这个例子中从头到尾都是管理者在讲，这个时候他扮演的角色就是“土皇帝”。他给员工的感觉就是“我是你的领导，我是你的国王，我比你懂得更多，我比你更会分析问题，所以你要听我的”。

今天，当我们在做“新生代”的管理者时，真的应该尊重员工的想法，聆听他的心声，问问他是怎么想的，他对这个问题是怎么看的，他希望得到我们什么方面的帮助。

即便你想指导他，也要注意方式和语气。比如，你可以说：“我看到你每个月的业绩有时会提升，有时又会下降，你是在什么情况下做到了提升，下降又是因为遇到了什么问题呢？”

如果多用这些启发式句子，尊重对方，把对方当成与自己平等的成年人，而不是认为你是领导，他是员工，他就应该听你的，那么你和员工的关系就会是良性的。

自然人型管理者

什么叫自然人型管理者？就是管理者完全把自己视为普通员工。跟“土皇帝”相反，这种人是太不把自己当“干部”了。他觉得自己虽然是“干部”，拿的工资比别人高，但仅仅是因为分工不同，本质上和别人并没有区别。

这类管理者往往有很多可爱的地方，时不时会有一些幼稚的表现。当他情绪好的时候，可能走进办公室时会哼着小曲。要是心情不好呢，脸上就阴云密布，跟员工讲话的时候，也会皱着眉头带着情绪。这就是完全不把自己当“干部”，没有觉得自己是一个有影响力的人。

在团队开会的时候，他可能经常会这样表达自己不太认同的一些观点：“对于这个问题，我想谈谈我的个人看法，我是这样想的……当然这仅仅代表我的个人意见。”

如果你经常说这只是代表你的个人意见，强调的更多是你自己，而不是说你要为这个团队去承担责任，引导大家来发现团队存在的问题，参与团队的决策、讨论和行动，那么你就有一个问题：你本质上还是以自我为中心。“土皇帝”经常会强调，“我是这么看的，我觉得你应该怎么做”。而“自然人”呢，会说“我不开心，我不同意，这是我的个人意见”。

另外，“自然人”还有一个很容易犯的错误，就是会跟员工一起吐槽。

举个例子，当自己的员工都在抱怨“这个月的目标太高了，激励政策又没有什么变化，怎么做得到啊”时，如果主管一贯平易近人，习惯了跟大家打成一片，就会忍不住也一起吐槽：“你们说得对啊，我也觉得目标太高了，我们又没有得到额外的资源。你们还有什么意见，要不我一起跟领导反馈一下吧。”

此刻这个管理者在观点上认同员工，在情绪上与员工共情，与员工一起抱怨不公平，然后还可能把这种不公平、不合理一五一十地汇报给上司。

这个时候上司如果问：“你想怎么解决？你自己是怎么看的？”作为“自然人”的管理者很可能就会说：“我也觉得员工说得很有道理。”

所以，“自然人”最容易犯的错误是完全理解员工的各种不满，把员工的意思不加任何处理地直接传递给上司。

这种人很可能在上司告知自己为什么要这样决策、为什么定这个目标公正合理的时候，又觉得上司说得对，尽管此时他自己没有完全理解，但他会马上照搬回去告诉自己的员工。

传声筒型管理者

自然人型管理者很容易就会变成我们所讲的第五种类型——传声筒型管理者。这两种风格经常是密不可分的。

“传声筒”没主见、没担当，其实这个人在公司中可有可无，因此，管理者绝不能做“传声筒”。

如果你作为管理者只站在公司的角度思考问题，员工会觉得你不近人情，太官僚化。比如，员工说某个目标不合理，你如果回答：“嗯，公司这样定一定有它的道理，既然已经定下来了，我们就按公司要求去做。光坐在一起讨论这么多‘负能量’的事情没有意义，赶紧去做事吧。”员工就会觉得你不能够理解他们的情绪，跟你就有了距离。

这就是你作为管理者很难做的地方。我们今天所说的管理者，不管是基层还是中层的管理者，只要不是公司老板这一层的，都要提防自己成为一个“传声筒”。那我们应该怎样做呢？

我们要成为一个“翻译器”。

在前面的案例中，员工抱怨某个目标不合理、不公平时，你不能总拿公司的制度和所谓的大局观去压制员工，否则很容易造成他们和你对立。但你也不能跟他们一起抱怨，你要学会“翻译”。

怎么去“翻译”呢？首先你要站在员工的角度去“翻译”他们的情绪，你跟他们说：“我看得出来，你们觉得这个目标定得太高，压力非常大。”他们会说：“是的。”然后你就说：“你们觉得资源分配不合理，觉得自己受了委屈，遭遇了不公平……”你把他们的不满情绪说出来了，代表你认真聆听了他们的声音。

当大家把这些不满的情绪都发泄出来之后，你再跟他们解释，公司这个目标是怎么定下来的。公司肯定不是为了打击大家，员工最后都丧失了信心对公司有什么好处呢？这很好理解。关键是你自己首先要搞懂这个目标是怎么定下来的，为什么会引发你们团队的抱怨，把这些问题搞清了，你才能做好接下来的“翻译”工作。

回想一下，你是不是一开始就做了“传声筒”？“公司给部门定了这个月的目标是100万元，所以你们每个人都要‘背下’10万元。”你如果这样说，就是“传声筒”。

实际上100万元这个目标公司是怎么定出来的，你理解了吗？上个月是70万元，那这个月多出的30万元是怎么来的？你要先跟你的上司去沟通，弄清这 30 万元的目标该用什么样的策略、什么样的路径来完成。

然后，当你向团队公布这个目标的时候，就变成了“100 万元不是公司压给我们的，是公司根据我们团队的各种数据分析合理推算出来的，是我们努力一把可以完成的”。这个过程你其实就是在做“翻译”。

管理的关键在于不能让员工跟公司形成对立，而是要让他们知道你和他们是命运共同体。你的老板肯定希望你是这样的角色，而不是个简单的“传声筒”。

管理者的四大角色

前面说了身为管理者易犯的五种错误，就是管理者不应做什么，这属于“破”。下面我再讲讲“立”的方面——管理者该怎么做，也就是管理者应该承担的四个角色。

从你晋升的那一刻起，从你成为别人的主管的那一刻开始，你就要告诉自己，你不是只有一个角色。“上司”这个角色只是其中之一，你还有其他什么角色呢？

对你自己的上司来讲，你是一个“员工”的角色。同时，对你的平级同事来讲，你又是“平级同事”这个角色。当然对你的客户来讲，你还是一个服务者的角色。一旦你成为一个管理者，你就有了四个角色：上司、员工、平级同事、为客户服务的人。

面对上司：做一个靠谱的辅助者

如何对上，是管理者很容易忽略的问题。你只想着自己开始做主管了，要成为人家的上司了，但你有没有想过，你的上司对你的要求也会更高？怎么样协助好你的上司，是个非常重要的问题，处理不好，你就会发现你和上司之间磨合起来非常痛苦。

比如，他总是跨过你去布置任务，喜欢打断你的工作，总让你感觉到自己不被信任，这些都会影响到你的管理。管理都是自上而下的，你和上司的关系出了问题，肯定也会对员工产生影响。

对这个角色的处理，你最需要注意的一点是，要明确在与上司的关系中你其实是个辅助者。什么叫辅助者？就是你要让你的上司成功，要帮他去做一些相应的“补位”。

可以说，如果你不能成为一个好员工，就很难成为一个优秀的管理者。

举个例子，你在主管的位置上时，经常会挑剔你的上司，会觉得“我都是这么辅导我的员工的，我都是这么跟我的员工沟通的，为什么我的上司却不这样对我，为什么他对我这么粗暴、这么没耐心”，于是你就开始抱怨他。

这世上没有谁是完人。如果他的情绪控制力比较差，又坐到了这个位置上，那一定是另有所长，比如说他的决断力、担当力、行动力或者思考力特别强，而你的关注点恰恰放在了他的短板上。

为什么会这样呢？因为一个人处在员工位置时，喜欢用放大镜去看自己的上司，觉得“他是我的上司，就应该处处比我强，能体验我的感受，能控制好自己的情绪”。

实际上，当你用放大镜去看别人时，你更容易成为一个失败者。因为改变别人是最难的，改变自己最容易。尽管今天你已经晋升，有了自己的团队，但你必须明确，在你的上司面前，你就是一个要帮他补位的员工，这也是你的重要角色之一。

借着分析情绪管理，我讲一下自己在给一家公司的大老板做咨询顾问时的体会。

这个大老板就是情绪管理能力非常差的人，大发雷霆时会骂手下的高管“你怎么这么蠢，你的脑子被驴踢了”。当我与他的高管们谈话时，大家都说，他各方面的能力都很强，发薪水也很慷慨，但就是发起脾气来让人受不了，甚至让人有马上辞职的冲动，也确实有人就这么走掉了。

对于这样的老板，你在现场制止不了他，再怎么给他暗示都没用，因为他控制不住自己。那怎么办？你只能根据场合审时度势，当场或事后帮他去修复。

你可以对被骂的员工讲：“你今天一定很委屈吧，但我太了解老板这个人了，他平时对你很信任，很看重你，今天这样对你，也许是爱之深责之切吧。”

先满怀同理心设身处地地体会这个员工的委屈，做好安抚，然后跟他讲老板到底想表达什么，分析老板情绪背后真正的意图。这就是在发挥一个辅助者的作用。

面对员工：做一个有魅力的领航员

面对员工，你就是个领航员，是个教练。

作为领航员，你在为团队定方向、定目标这件事情上是不能缺席的。不能缺席不是说目标都由你来定，而是你要承担起一个组织者和启发者的责任，引导大家共同制定出团队的目标、方向和策略。即便讨论的结果体现的是集体的智慧和意愿，最终你仍是那个重要的领航者。

那么教练是什么？教练要在运动员做得好的时候及时夸奖他；在他做得不好时，要马上帮他纠偏，给他想方法；在他“不在状态”时，要及时提醒并激励他。一个真正的好教练不能满足于只做好技术层面的指导，还要能够激发运动员的动力。那么怎么激发呢？

相信不少人都看过电影《夺冠》吧，中国女排的教练像父母一样，对每个运动员的秉性、脾气、强项、短板以及动机、需求都了解得那么深入。我们做管理者的也应该一样。

但事实上，今天很多管理者都进入了一个误区。

很多管理者已经不是教练的角色，更像督导员、包工头，始终都在关注员工有没有偷懒，有没有提前下班，有没有按时交作业，有没有拿到结果……总之，一直在做监工。员工做得不好，他用“鞭子”抽两下，骂两句；员工迟到了，他罚款，然后在公众场合把员工批评一顿。这可称不上是合格的管理者。

作为一个领航员和教练，你必须要有魅力。这不是指你外表长得帅、长得漂亮，而是你要有人格魅力。

一个只会拿着“鞭子”抽别人的人，一个只会告诉别人这件事情应该怎么做的人，是不会有人格魅力的。

人格魅力一定要建立在这样的基础上：既有能力，在专业上有一定的权威，又能在心理上激发他人，让每一个人的优点可用、缺点可控。

你如果是一个有人格魅力的主管，对员工的影响会是深远的。也就是说，哪怕有一天你不再是他的主管，或者他出于什么原因离开了公司，你也永远是他心目中的老大，你会永远在他的心里。

比如说，我离开阿里巴巴已经十几年了，但我觉得有些人永远是我心中的老大。今天回忆起当年的很多事，他们在我心里依然是那种很柔软、很温暖的存在。这就是人格魅力。

面对平级同事：做一个有胸怀的合作者

在一家公司里，靠一个部门独立去完成一个项目，往往是不可能的。

一个部门的目标通常是从公司战略当中分解出来的，每一个部门的目标进程都直接影响着公司战略的实现。各部门之间的目标是相互“咬合”的，所以部门与部门之间是合作伙伴，你跟你的平级同事之间也是合作关系。

你要知道你作为管理者就要带一个团队，你要对团队负责。当你的平级同事来找你沟通一件事情，或让你去开一个会时，你会怎样反应呢？你是不是觉得他干扰了你的正常工作，给你添加了额外的事项？这样想是不对的，那不是你工作之外的事情，而是你所担任的角色应该处理好的问题。

你在工作中不可避免地要和许多同事合作，回想一下，哪些同事会让你很喜欢？什么样的平级关系会让你很愉悦？同事有事情来请你协调、合作的时候，你是否很愿意去帮助他？

换位思考，你首先要成为受人欢迎的合作伙伴，这样在你有求于别人的时候就没有障碍了。当有人一天到晚抱怨别的部门有“部门墙”、不好合作时，请记住一定不要让你的部门出现一道“部门墙”，凡事先问问你自己做好了没有，如果你做好了，你是会收到正反馈的。

我们无法改造别人，但可以通过完善自己去影响别人，所以在这一节里我强调了“胸怀”这两个字，就是我们跟同事相处一定要有胸怀。如果你在合作时总是盘算着这件事情对你有没有好处，如果没有好处你就不干，就是没有胸怀的表现。

合作的终极目标当然是双赢，是对双方都有利，这也是推动我们合作的动力，但是它更需要我们有长远的、发展的眼光。

今天你和他是平级同事，说不定因为你有胸怀、有格局，在平级同事中口碑比较好，某一天就得到了晋升。当你晋升到更高一级的时候，原来跟你平级的同事也许就成了你的员工，有些人甚至可能会成为你的直接员工。

那么你想想看，如果当初他来找你合作时，你每件事都斤斤计较，绝不让自己吃半点亏，如今他会怎么想？“天哪，这样一个没格局的人竟然成了我的上司，我要不要换个工作？”以己度人，我们要做一个豁达的合作者，千万不要人为地设置障碍。

当然这也不是让你做一个无原则的老好人，来者不拒，别人有什么需求你都答应，否则会让你前功尽弃、陷入窘境。

面对客户：做一个踏实的问题解决者

千万不要认为你做了管理者以后，就可以不接触客户，而由一线员工去接触客户了。

比如说，你是客服主管，就让客服人员去接触客户；你是销售主管，就让销售员去接触客户；甚至你已经成了公司的总监，你说：“我都是总监了，都有独立的办公室了，难道还要我亲自去接触客户？”你这些做法是不对的，我们今天提倡的是要成立敏捷性的组织。

作为敏捷性组织的管理者，如果你不接触客户，那这个组织的敏捷就无从谈起。你听说过“让听得见炮火声的人去指挥战斗”这句话吗？士兵听见炮火声后的首要决策是拿起他的枪，直接对着那个地方射击。你作为一个将军，听到炮火声后做出的决策是什么？是你应该调哪个部队去主攻、调哪个部队做侧翼。同样是听到炮火声，职位不同，做出的决策是不一样的。

不管你今天位于公司的哪一层级，你一定要记住，在客户面前，你就是问题的解决者。

所以，你去接触客户时，首先要放平心态。你不是领导在做视察，不需要让客户感觉到你是个“当官的”，你要做到让他信赖你，让他放心地把所有问题都交付给你。你或许可以用你的专业知识真正帮助客户，或许可以带着这些问题重新审视你们的激励机制、销售策略，增强对市场的了解。

总之，对公司来讲，你是价值的创造者；对客户来讲，你是个踏实的问题解决者。

以上我跟大家讲了五种管理者类型和四大角色认知。接下来我来讲一个实际的，也是每个人都会提出的问题——我的性格适合不适合做一个管理者？

不要让性格成为做不好管理的借口

首先要明确一点：性格绝对是可以改变的。我自己就看到了太多身边人的变化。

以我自己为例，你们可能很难相信，我以前真的是一个非常内向的人，内向到我的邻居都不认识我。

我读书的时候，一放学就回家，基本上不跟亲戚、邻居来往。城市里邻居之间相互不认识好像很正常，但我生活在农村呀。有一次我回去的时候，被我家邻居看到了，他就告诉我妈："你们家来客人啦。"我妈赶快跑出来，一看是我，说："你在开什么玩笑？这是我们家老二。"

这就是我当时的性格。因为内向，家里人觉得我做会计比较好，所以选专业时我就选了会计。我自己也觉得，以我这样的性格，肯定不太擅长跟人打交道，每天跟账本打交道就可以了。

可学完以后我发现找不到工作，最后没办法才做了销售这份我觉得最不适合自己做的工作。我那么内向的一个人，跟熟人都很少说话，还要跟陌生人说话，这怎么可能啊？我真觉得这太困难了。

没想到经过 3 个月的历练，我发现我做得还可以。

记得我第一次去拜访客户时，我敲了客户办公室的门，人家叫我进去我都不敢进，对方喊了几遍我才进去。进去以后我又不知该说什么，拿着公司的宣传单站在那里，脸憋得通红。

客户说：“小姑娘，你今天过来是不是让我建网站的？那你要给我介绍一下。”然后我才把资料递过去。你可以想到当时我的性格有多内向。

结果自然是失败了，因为客户看了一下觉得没看懂，而我由于紧张也讲不清楚。他说：“那这样吧，资料你放在这里，等我有需要的时候再找你。”我们公司培训的时候说过，当客户让你留下资料，叫你回去等消息的时候，就意味着这单业务基本上没戏了。

走出那个办公室后，我哭了，觉得自己表现得太糟糕了，我太没用了。但是我没有退路，人在没有任何选择的情况下，就只有往前走。所以，我擦干眼泪继续拜访下一个客户。

那天虽然我事先只约了一个客户，但不知哪儿来的一股劲儿，我把那个园区里所有的客户都拜访了一遍。

不要说本性难移，在你为了生计、为了工作必须做出改变的时候，其实性格是可以改变的。我自从做成了第一单之后，就好像找到了窍门。连着做了几个月的销售后，我的性格就真的变了。

在做销售时，当你真的把面子当面子的时候，你就会没有面子；而当你为了谋生、为了这份工作放下面子的时候，你反而会赢得面子。

真的，我在做到第三个月时，终于有了几万元钱的销售业绩，主管请我到台上去分享，我感觉特别有面子，我的自信被激发出来了——我发现，原来我是可以的，我可以和陌生人讲话，可以很轻松地跟大家交流。现在你已经看不出我是一个性格内向的人了。

当然，人是很复杂的，我性格上的突破是从内向转为外向，但这种转变也不是绝对的。比如说，很多时候我还是喜欢独处，喜欢一个人安静地看书、做事，一天都不说几句话。但在工作上，当需要跟别人去沟通、去谈业务的时候，我会一下子就展现出我外向的一面。一个人的性格就是这么奇妙。

我做管理时也是一样，有个蜕变的过程。

早先我在一家公司做了两年的顶尖销售员，但公司领导却把很多管理的机会给了业绩不如我的人，我不理解。他们解释说我更适合做销售，潜台词就是我与别人合作、带人的能力不行，我的性格不适合做管理，更适合单打独斗。的确，我那时每天就是“跑客户”，跟同事之间的交流非常少，也很少跟团队里其他成员有非必要的交流。

直到我进入阿里巴巴，情况才有所改变。不得不说阿里巴巴是个非常能锻炼人的地方，它提供了做管理的标准模式，我按照指引一点一点去学习、应用。我学会了总结、分享，学会了带徒弟，然后做小组长。

有一天，公司说我可以晋升了，从此之后我在阿里巴巴做了10多年的管理。我发现原来我也是可以做管理的，而且可以做得很好。

所以，绝对不要让性格成为你做不好管理的借口，或者说不要让性格成为你做不好任何工作的借口。只要你有足够的动力，你有必须做好这份工作的决心，你相信适者生存的进化理论，你的性格就可以改变。

我相信，任何一个成为管理者的人，都突破了很多自己原来的认知，那些曾经以为不可能做到的事情，在自己的努力之下都有了新的结果。所以，当你再有上升的机会时，不要给自己预设很多障碍。

我只在小公司待过，我只做过技术方面的管理……但是没关系，我还是成功了。没有人的成长是一蹴而就的，只要你学习的阀门始终是打开的，就有无限的可能。你要学会用发展的眼光看自己，不允许别人把你“看死”，更不允许自己把自己“看死”。千万不要随意给自己贴标签，也不要给你的员工贴标签，这一点非常重要。

我今天能够成为很多公司 CEO、高管的“教练”，能够成为一个拥有几百万个粉丝的知识型老师，是当年我做第一份工作时的那几个主管想破头都想不到的。他们老早就给我贴了标签，说许林芳就只适合做销售，不适合带团队。我的父母、我的同学，以及和我从小玩到大的那些闺密，都想不到我会有今天，就连若干年前的我自己，也不会想到我会有今天。

我真心认为，很多时候职业生涯不是我们坐在家里一步一步设计出来的，而是我们摸爬滚打拼出来的，我们做每件事情都要有一种一定要把它做到最好的执念。我做销售员，就要成为销售员当中最好的销售员；我做主管，就要成为主管当中最好的主管；我做经理，就要成为经理当中最好的经理。

当你做每件事情都对自己有最高的要求时，你就很容易做出成绩。而当你成为一群人中的佼佼者时，当你培养了更多得力的手下时，你会发现更多的机会在靠近你，你选择的范围越来越宽了，你的职业前景一片光明。

总之，千万不要“认命”，不要觉得一切都是你的性格决定的。“我的性格让我只能成为保姆型的”“我的性格让我只能成为甩手掌柜型的”……没有这回事，你的团队需要你成为什么类型的管理者，你就要成为什么类型的管理者。

“加入公司，离开主管”

有一家全球闻名的调查公司叫盖洛普公司，它曾针对上百万人做过一次敬业度调查，发现很多员工的离职原因看上去五花八门，但其实都与主管有关系。当员工加入公司的时候，他们看中的可能是公司所在的行业、公司的前景、公司的“赛道”，甚至是公司的创始人，但他们最后离开的原因，竟然75%都与直接主管有关，我把这种现象归纳为“加入公司，离开主管”。

一般员工离职有两个原因：一是钱给少了，二是心里受委屈了。钱给少了这件事，可能与公司的机制有关。那心里受委屈呢？主管少不了责任，毕竟75%的统计数字是白纸黑字写着的。

为什么你的员工赚不到钱？思考一下，除了机制以外，你这个主管是不是没有去提升他，没有帮助他成长？他摸不到赚钱的门道，实际上还是跟你有关。

所以，这一节我讲的是不要让员工因为你而离职。

“照镜子”：学会找到自己的盲区

如果你的团队离职率比别的团队高不少，你就一定要反省，是不是你自己身上出了问题。尽管每个人走时都会告诉你是客观原因：家里出事了，别处的工资更高，自己更喜欢其他的工作……但实际上还是跟你有关系。

这时你要做什么？一定要自己照照镜子。“照镜子”是阿里巴巴的说法，华为将其叫作“批判与自我批判”。虽然叫法不一样，但都是为了让人看到自己的盲区。

一个网红老师在别人眼中是疯疯癫癫的，但在他自己眼里，他可能就是传道授业的孔圣人；一个吆五喝六的城管在别人眼里是个嚣张跋扈的人，但在他自己的眼中，他就是代表正义的执法者。

美国弗吉尼亚大学曾经做过一个研究项目，发现人们对自己的看法与别人对自己的看法只有 20% ~ 30% 是一致的，也就是说每个人的自我认知有很大一部分是不正确的，高估了自己的实际能力。当一个人用别人的视角看自己的时候，往往并不舒服，甚至还可能导致心理障碍。比如，一个人自认为正直、爽朗，可跟他打交道的人却会把他坦率的言行看作是有敌意和侵犯性的。所以，非常有必要学会“照镜子”。

那怎么“照镜子”呢？

你自己给自己照，相当于开了美颜，是不真实的，你要让别人给你照。比如说，你可以找你的上司、你的员工、你的闺密给你照，然后，再找平级同事给你照。

可能有很多人不愿意给你“照镜子”，特别是你的员工，他出于可以理解的原因不愿真实地说出你的问题，那你该怎么做呢？你自己要足够真诚。当你和员工交流完工作上的事情后，你可以说："今天难得有时间聊聊天，我觉得我自己是个正在成长中的主管，我也很想知道自己还有哪些地方可以做得更好，你能不能提些建议，给我做一次反馈呢？我也很需要你帮助我成长。"

怎么样才算是真诚？

首先，表现在你的语气、你的眼神上，要让人家听出、看出你是真心的。

其次，从肢体动作上来讲，你最好手上拿支笔，把本子翻开，做好记录的准备。

当你这样做的时候，人家才会认真对待，觉得不给你提点意见都对不起你的这份真诚。

"照镜子"的意义在于听到真话，而人家愿意不愿意跟你讲真话，取决于你自己够不够真诚。

因为"照镜子"这件事情我经常干，比较有心得，所以在此分享一下需要注意的细节。

当你的员工感受到你的真诚的时候，可能会这样跟你讲："我觉得，你有的时候稍微急躁了一点。我已经在做了，但是你还会跑来跟我说，还会很着急地追问进度，我就觉得你不够信任我……"请记住，这个时候你千万不要急着去解释："你指的是哪件事情？你怎么会有这种感受呢？我当时只是想……"一旦你开始这样解释，你的员工就会马上闭嘴，他发现你的真诚是假装的，你根本不是来"照镜子"的。所以，哪怕你觉得他对你有一些误会，也要"按下不表"。

当然你的工作不可能迎合所有的人，你还是要有自己的原则，你现在要做的是把他提出的问题记下来，并真诚回应。你可以说："噢，你说的第一点就是我性子太急了，会给你造成困惑。你能不能给我举个例子，让我知道以后再遇到这种情况该怎么做？"你要让他给你讲具体例子，而不能只是定性。他跟你一讲，你马上表示明白了："回想一下还真是的，如果是我的话，突然间被你这么盯着问，我也会觉得你对我做事很不放心。这个毛病我还真需要改改呢。"你看，这样的话，你和员工的沟通是不是可以顺畅地进行下去了？

这就是你在"照镜子"。你不只是让人家提出了问题，还感同身受地理解了他，明白了你存在的问题给他带来的困扰，并表达了改进的意愿。这样的话，员工不会因为你工作有薄弱之处而看低你，他会觉得你是个有胸怀的主管。你千万不要试图在员工面前立完美"人设"、超人"人设"，你应该想，怎么能让员工看到我这个主管也有棘手的问题呢？怎么能让员工看到我的情绪管理有问题呢？怎么能让他感觉我情商低呢？

我告诉你，没有人是全能的，没有人是永远不出错的。真正高明的人是会"say sorry"的，然后会去处理那些后续的问题。

所以，成功的"照镜子"就是收集问题，无须解释，只要表明真诚的态度，这样别人下次还愿意再给你"照镜子"，你就会做得越来越好。

"照镜子"和很多事情一样，最好有个循序渐进的过程。刚开始你不够熟练，就从一对一的"照镜子"开始，借别人的眼睛看到自己的盲区，发现自己的问题，并尝试着去解决。当你体会到一步步完善自己所带来的成就感后，就可以带着这些经验组织一对多的"照镜子"了。

比如，你可以在和员工们开完工作会议之后说："最近我总觉得自己在管理方面存在一些问题，旁观者清，请你们帮我照照'镜子'，你们觉得我哪个方面的问题比较多？我真诚地希望得到你们的反馈。"调动起大家的情绪后，你再因势利导，让员工之间相互"照镜子"。

相互"照镜子"的目的是帮助团队成员一起成长。要想高效地完成目标，就要引导大家尽可能地讲一些具体的事情，不要只停留在定性的层面。在多人相互"照镜子"的过程中，难免有些人说话过于直接，如果做不到就事论事，而是频频出现定性的词句，就很容易带有一定的侮辱性，甚至演变为人身攻击，这时候你的控场能力就会面临很大的考验。怎么规避这个问题呢？

首先，还是那句话，"相信真诚的力量"，一定要相信真诚是有力量的。你可以带头给身边的队友提出意见，表明你的信任和真诚。

其次，学会运用"保持""开始""停止"的技巧。著名的美国奈飞公司就是这么要求员工相互"照镜子"的[1]。

举个例子，当员工们被通知参加一个会议时，琳达说："苏珊，我觉得上个月遇到的那件事你处理得非常好，我希望你能保持。还有件事我觉得是在你的能力范围内的，上个月你没有做，现在我希望你能开始做。还有一个项目在我们看来可能会影响大家合作的效率，所以我希望你停止。"这就是我提到的"保持""开始""停止"。让反馈回归到具体的事情上，让对方清楚地知道下次该怎样做才能更好，才会更有利于员工的成长。

总之，相互"照镜子"不是为了宣泄负面情绪，不要随意使用

1　指美国奈飞公司（Netflix）的 360 度全方位评判体系。

定性的词句，大家以真诚的态度互相帮助、一起成长才是团队提升业绩的前提。

找准定位，管好自己

除了“照镜子”这个技巧，我们还应该掌握什么呢？我认为首先你要学会管理好自己，然后才能管理好你的员工，这是最基本的认知。

在准备学管理的时候，你是不是想着要去学习怎样管人，怎样让别人有驱动力、有团队合作意识？但是，如果你自己不上进，你自己没有团队意识，你自己不是一个爱分享的人，那么你能在团队中成功推行这样的文化吗？

管理者就是最好的榜样，仅从这一点上讲，我们就一定要管理好自己。

下面我跟大家分享一下《韩非子》里的一句话，也是海尔张瑞敏爱引用的一句话：“下君尽己之能，中君尽人之力，上君尽人之智。”这句话是什么意思呢？下等的君主，事情都是自己干，类似保姆型的人，干得好的也就是个劳模；中等的君主会利用别人做事；而上等的君主则善于借用别人的创造力。我们要不要去做下等的君主？显然不要！那要不要做中等的君主？每天盯着别人的动向，去看这个人态度好不好、那个人是不是比较懒惰？你与其盯着这些人做事，不如思考一下他们为什么会这样。

当我们雇用一个员工时，最值钱的是他的大脑。但很多管理者却直接忽略员工的大脑，只用他的手脚，这是很糟糕的。比如，你给员工定了一个目标，策略是你制定的，人脉是你搭建的，甚至执行进度也是你规划的，每天早上该做什么、下午该做什么，所有的东西都是你想出来的，你在用你的大脑指挥他的手脚。那么请问，你如此殚精竭虑的后果会是怎样的？你的员工习惯了服从，觉得把岗位职责规定的那些事情做完了就行，多一点都不做，下午5点下班，多一分钟都不愿待。他会想，你给我的工作就是做销售，想让我带个徒弟，门儿都没有，那不是我工作范围内的事情。

为什么会这样？因为你完全忽略了员工的主观能动性，他最值钱的大脑被你忽略了，而你的越俎代庖也剥夺了他的成就感。所以，你要学会管住自己，做你该做的事。

成功的管理者是有意识打造出来的

你一旦坐上管理者这个位置，就要告诉自己，你已经进入了向上的职业通道，要把自己当成战略产品来打造。你通过努力从员工层成长为公司的基层管理者，你要不断地努力成为中层管理者，再一步步争取成为决策者。上升的过程也是学习的过程。

好的基层管理者就要把所有的管理技能学到手，成为一个在管理上有方法论的人。而中层管理者一定要有格局、有胸怀，这样才能受得了委屈、耐得住寂寞，才能够容得下很多你不喜欢的人，当然你还要有能匹配你职位的才能。到了决策层，你就要有一些抽象化的能力，比如说定战略、建机制的能力。

当你成为一个真正的管理者，你会发现这不仅是一个职业，而且是一份责任，不仅是一种技巧，而且是一种人格魅力，它关乎公司使命，关乎社会责任。

你不再是一个个体，你要通过别人拿结果，所以你要帮助他们成功，要让他们比你更优秀。

可以说，你在管理者这个位置上能够“坐”到多高，能够走多远，取决于你能够成就多少人。也就是说，你要与员工相互成就。

在讲完如何找准自己的角色定位、提升自我认知后，我们就可以开始学习方法论了。

第二章

你不管理时间，就会被事情拖垮

管理的本质就是对人的管理，对一个主管来说，他的职责就是管好自己、管好员工。

在第一章里，我讲了角色的认知，在这一章里，我讲讲如何管好自己的时间以及如何组织一场高效的会议。

时间管理的陷阱

时间管理存在陷阱，如果我直接讲，可能有点抽象，不如先来分享一个短剧，我们看看主人公的时间都去哪儿了。

混乱的一天

主人公：理查德·刘易斯（餐饮公司经理）

地点：经理办公室，停车场，家中

一大早，理查德·刘易斯在电话里与配菜主管确认菜单："伯纳德，今天中午就做西红柿菜根汤，嗯，明天做芥菜汤……"

然后他坐下来，准备给多米尼克写封邮件，是关于维多利亚皇家餐厅合同的，这可是关系到餐饮公司今年业绩的重要单子。刚写了"亲爱的多米尼克"，他的一位老顾客就走了进来。

原来，这位顾客周六要在餐厅举行婚礼，他自己订了婚礼上要用的帐篷，现在供货商不肯送货，他想请理查德·刘易斯帮忙跟对方打个招呼，争取还能按原计划送货。热心的理查德·刘易斯放下刚写了个开头的邮件，转身抄起了电话。

正在沟通时，伯纳德的电话插进来了，说有急事，理查德·刘易斯赶紧让秘书去接，自己接着跟帐篷公司扯皮。

帐篷的事总算搞定了，秘书转告他，伯纳德遇到了一堆麻烦事，该送的菜没送到，员工迟到，还出了内贼，丢了不少肉，他建议立即找出偷肉贼并开除，但这事儿要理查德·刘易斯自己去处理才行。

理查德·刘易斯满脑门子汗，他犹豫了一秒，决定还是先把邮件写完。屁股还没坐热，员工艾瑞克来找他了。艾瑞克刚晋升，下周就要去新部门上班了。

理查德·刘易斯："艾瑞克，你怎么来了？"

艾瑞克："你约我今天下午过来谈话的啊。"

理查德·刘易斯："哦，是吗？我说过？我来看看日程。"遂转身到处找他的日程表，可办公桌一片狼藉，他找了半天也没找到。

艾瑞克沉默无语。

秘书："老大，总经理助理来电话说，总经理刚离开办公室，要搭乘飞机去芝加哥参加会议，你之前跟她约定的谈话来不及谈了。"

理查德·刘易斯急了："那怎么行，我这就去停车场堵她，关于饭店的预算她必须给个说法。"

他抄起公文包往外跑，然后回头对艾瑞克说道："艾瑞克，我相信你可以的，你有 15 份合同要处理，我没啥好说的了，你有事问我秘书吧。"

艾瑞克陷入了凌乱……

理查德·刘易斯居然真的在出口拦住了总经理的车，他说："还记得我一星期前跟你说过饭店预算的事儿吗？就在这儿说的。"

总经理："哦，我记得，我叫你给我打个报告，你一直没打，我还以为你已经解决了。"

理查德·刘易斯：“啊，我……”

总经理：“我要先去开会了，你把电话打到芝加哥来，这次别忘了。”说完，汽车离去。

理查德·刘易斯绝望地说：“可是，可是我星期四前必须做出决定啊！怎么办？我来不及了！”

天黑了，理查德·刘易斯疲惫不堪地回到家中。

家里到处悬挂着彩带，他 7 岁的儿子正在拆生日礼物，看见他回来了，一脸不开心地说：“爸爸，你都不回来参加我的生日会！”

理查德·刘易斯：“宝贝儿，爸爸怎么回来啊？一天都在开会，我……”

儿子打断他：“那你快帮我把电脑装好吧。”

理查德·刘易斯为难地看看手中的公文包，他还带回来一堆事要做。

这时，老婆走了过来，边埋怨他边催他快换衣服。

理查德·刘易斯：“啊？为什么要换衣服？”

老婆：“杰弗瑞邀请我们——哦，上帝，你不会连这事儿也忘了吧！”

“啊啊啊！”理查德·刘易斯彻底崩溃了，他捂着胸口倒下了。

救护车将他拉去了医院，然而，一切都晚了……

这是个很不幸的结局：主人公理查德·刘易斯猝死了。

从这个短剧里，大家发现他的时间管理存在哪些问题？

第一，他的事情实在太多了，一天到晚忙得团团转；第二，他的工作总被打断，犹如一团乱麻，一天下来，没见他处理好几件事情；第三，他有拖延症，那么重要的任务都被他耽搁了；第四，他事必躬亲，是我们所说的保姆型管理者，连中午做什么汤都要他拍板，抢了配菜主管的活儿；第五，他的办公桌一片凌乱，找个东西都要翻半天。

这五点也就是我们常说的时间管理的五大陷阱，他都掉进去了。作为餐厅经理，毫无疑问他非常敬业，他很忙很忙，忙得连孩子的生日、家里的事情都顾不上了，但他不仅丢了订单，不能让老板满意，自己的身体还彻底累垮了，直到最后把命也搭进去了。

现在各行各业的竞争有增无减，作为管理者，如果学会科学地管理时间，合理地安排各项事务，就能以比较从容健康的心态去应对来自各方的压力，所以，学习时间管理是很有必要的。

优先级：时间管理就是安排做事的顺序

在公司里，主管应该是最忙的一批人了，既要对上负责，又要管理员工，每天都面临着一大堆烦琐的事务。那应该从哪儿着手呢？

我先给大家介绍一下时间管理的两个理论。

四象限图

在时间管理中，最基本的一个理论就是四象限图（见图 2-1）——按重要性和紧急程度把事务分类，分别填入四个象限。我们就以短剧中的餐饮公司经理理查德 · 刘易斯为例，来看看他的那些事务该怎么分类。

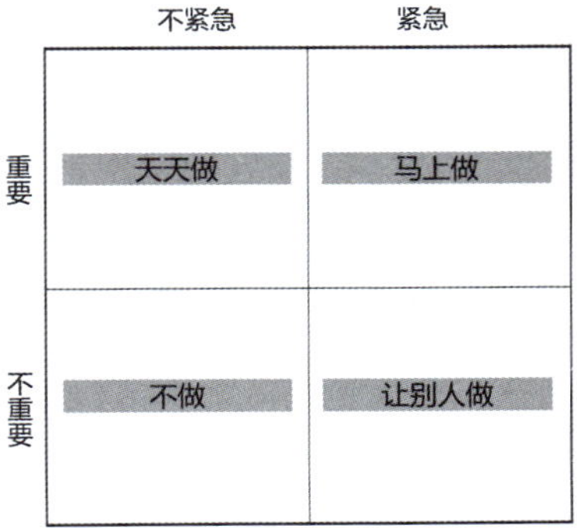

图 2-1　四象限图

第一象限里是重要又紧急的事。

对理查德 · 刘易斯来说，发邮件当然是重要又紧急的事，涉及他今年最重要的业务，而且已经到了最后期限；给总经理打报告，帮顾客解困，帮员工救急也是重要又紧急的事；约员工来谈新的工作安排，给儿子过生日，也是重要又紧急的事，都必须在当天完成。

你有没有发现他第一象限的事特别多？之所以叫重要又紧急的事，是因为必须马上做，而且要当天完成，显然他没做到。

为什么没做到？因为他今天在做的事都是以前积攒下来的，早该完成的邮件一直拖着没写，早该递交的报告也一直拖着没写，眼睁睁看着业务黄了。他儿子的生日又不是突然来到的，跟员工的谈话也是早就列在日程表上的。他疲于奔命，是因为时间都被打乱了。

第二象限里是重要但不紧急的事。

比如，发邮件、打报告，它们都很重要，但不那么紧急。只要他把这些事项列入了计划，按照计划一件一件地做完，不拖到最后一天再做，这些事情就不会变成紧急的事情，就不会干扰他跟员工谈话、参加儿子的生日会。

所以，是他的拖延症把第二象限的事情都推到了第一象限，导致这一天他被各种事情推着走，那他的情绪、他的身体又怎么会好呢？

第三象限里是既不重要也不紧急的事。对理查德·刘易斯来说，没有这一类的事。

第四象限里是紧急但不重要的事。

理查德·刘易斯的哪些事可以归入此类？婚礼帐篷、确认菜单以及配菜主管投诉供应商送菜迟到等，这些都很紧急，都是需要马上处理的。但是，这些事重要吗？必须得他亲自做吗？显然不是。

因此，这些不重要的事情可以让别人做。

与成功者相比，有些平庸的管理者很忙。他们从早忙到晚，结果却惹得上司不满意、员工不满意，家人也是一顿抱怨。

为什么会这样？很重要的一个原因就是，他们不会授权。因此，一定要学会利用资源，学会授权，把紧急但不重要的事情交给别人去做，用省出来的时间专心处理第一象限里的事。

总之，一个人的时间、精力都是有限的，要把它们用在该用的地方。

大石头理论

时间管理上还有一个理论叫大石头理论。

有个教授做过一个实验，他拿来一个透明的大瓶子，往里面放石头，瓶子很快就被塞满，连一块石头都放不进去了。他问同学们："瓶子满了吗？还可以继续放吗？"同学们说："满了，放不下了。"

教授就抓了一把沙子，慢慢放了进去，连放了好几把。他又问："现在满了吗？我还能继续放东西进去吗？"同学们说："现在真的满了，肯定放不进去了。"

教授说："你们确定它真的满了吗？"他边说边拿过一个水壶，开始往里面加水，竟然又倒进去了不少水。

这个实验对我们的时间管理有什么启发？我们的时间安排应该有优先级，这个优先级要遵循一定的逻辑和顺序。

先放大石头，意思是我们要用大段的时间去处理一些大事、重要的事，然后利用碎片时间来处理一些不那么重要的事情。就是说，事情一定要分出优先级，不能捡了芝麻丢了西瓜。

以上是关于时间管理的两个理论。理论是实践的先导，我们搞明白这些道理，在工作时就可以用理论来指导实践，少走弯路。

下面，我通过分析几个陷阱来分享一下实践中的时间管理技能。

陷阱一：分类与计划

陷阱一是什么？就是短剧给我们展示的，理查德·刘易斯的一天被无数琐碎、繁杂的事务包围了。这也是绝大多数基层管理者经常遇到的困惑，每天都有大量的事情要做，每天都疲于应付，到底该怎么做？

这是一个很普遍又很重要的问题，所以我会花很大的篇幅来讲它。

事情越多越需要计划，越需要分出优先级。我先来讲讲怎样制订计划。

月计划

制订计划非常重要，我发现很多人在第一步就出了问题。有的人真的是不做计划，或者是做了也白做。为什么这么说呢？

还记得理查德·刘易斯在员工应约来找他谈话时的反应是怎样的吗？他居然忘记了。你说他没有做计划吧，他明明排在了日程表里。但他的日程表在哪里？他在凌乱不堪的办公桌上翻了半天都没找到。

这样的计划做了跟没做有什么两样？计划制订完，一定要打印出来贴在工位上，或者将它放在每天要用到的工作手册里，不要让它只是作为一个电子文档存在电脑里。

你每天上班后的第一件事就是翻一下这个本子，看你这一个月的工作重点是什么，这一周的工作重点是什么，今天一定要完成的几件大事是什么。每天温习一遍，你就不会遗漏重要的事情，更不会手忙脚乱。

管理制度完善的公司一般都会对基层管理者提出较高的要求。即使老板没有要求你做月计划，没有要求你每月去述职，你也应该养成做月计划、月总结的习惯。对自己的要求高一点，以后你的职业道路会更顺利一些。

月度计划怎么做，跟你的工作节奏密切相关。一般分为两部分：一是业务上的节奏，二是团队管理的节奏。下面我跟大家分享一个销售团队的工作节奏。

在月初，就是每个月的第一周，开局一定要做好。

业务上要做哪些事呢？比如说，开上月总结会、本月动员会、经营分析会，公布激励方案等。

团队管理上要做什么呢？榜样经验分享、荣誉表彰等都是在动员大会上要做的事情。对有些表现不佳的员工，针对他们上个月的目标完成情况，给予适当的辅导和激励，和他们一起分析这个月的目标、策略以及行动计划。这就是月初的节奏。

月中分为两个节点，第二周和第三周，第二周叫“抢滩中点”，第三周叫“冲刺巅峰”。

就是说，在第二周一定要完成半个月的进度，尽量提前，不要拖后。如果完成了 60% 的目标，是不是后面压力就小了些？

那么，在这两周中你都要做哪些事？

业务上开半月总结会，就是半月的复盘会，然后开第二次启动会。因为时间已经过半，你要根据上半场的情况来调整下半场的节奏。

比如说，上半场连 50% 的目标都没有完成，那就意味着把压力放在下半个月了。这时候你应该为接下来的半个月想出一些特殊的激励法，再去看看有哪些资源可以整合，提供给员工。然后，再开一次半个月的动员会，必要时你也要和员工一起冲上最前线。这叫什么？叫全员营销。有什么能比并肩战斗更鼓舞士气的呢？

如果说你们上半个月的进展非常理想，70% 的目标都已经完成了，那可能有两个原因：一是这个月市场整体环境比较好，或是政策比较好；二是你们的目标定低了。那怎么办？

此时能随便改变目标吗？比如说，你发现这个月大环境对自己有利，原来员工做到 10 万元的业绩可以提成 5000 元，目标定低了，现在你把目标提高了，员工要做到 15 万元的业绩才能拿这么多钱。

你这样做是在挑战人性！你不守信用，就别怪员工耍滑头，他们就会留着点量，算计着怎么样不让自己吃亏。这样的团队又怎么能越变越好呢？

这个时候你应该要做什么呢？可以设定一个梦想目标——下半个月让大家去冲刺一个更高的目标，如果成功了，可以给一些额外的激励。

第三周是冲刺巅峰。如果你们是一个技术团队，原计划是到这个月底让产品上线。结果项目的开发过程非常顺利，到了中旬，你发现进度条已经拉到了 80%，产品很快就可以上线了。这时，你就可以给团队设定一个更高的目标。比如，你可以说：“我们是不是不要等到月底了？如果在第三周的周三晚上 8 点之前产品可以发布上线，我就给大家增发奖金，并且开香槟庆祝，然后去上面帮大家争取一些荣誉激励。你们觉得怎么样？”

团队此时会不会很有干劲、很有成就感？也就是说，策略、目标都可以根据具体情况做调整，但是在激励上你要做加法，尽量不要做减法，不要跟人性博弈。

临近月底的最后一周，可以叫“超级终结”。

为什么叫超级终结？那肯定是因为要全力以赴去冲击单月的最高目标。这时候你的战报一定要持续火热地推出：哇，××× 已经拿下了这个月的 ×× 奖，××× 已经掉下去了！

“大战”的氛围一定要搞起来，到月底了，就像百米赛跑到了最后冲刺的关头，要让每个人都兴奋起来。

除了在团队管理上做这些能激励人心、鼓动士气的活动，在业务上，你要开始制定下个月的方案。如果你是个经理，你下面还有主管，这时候你就可以跟主管共同商定下个月的策略。根据这个月的情况，下个月的目标大概可以定到多少，现在也可以开始考虑了。

以上就是一个销售团队一个月的工作节奏，如果你是个技术主管，或者是其他方面的管理者，你都应该“捋出”你的工作节奏。

一个月有月计划、月节奏，一星期也要有周计划、周节奏。下面我就讲一下周计划。

周计划

其实我们在制订月计划时就应该把月计划分解到每一周、每一天。你不能等到月中了，再来决定第三周该做些什么。

每周和每月一样，也是要做分解、控节奏的。工作节奏也同样分业务节奏和团队管理节奏。

一周应该怎么安排呢？

周一、周二要开周总结会、周启动会，起一个承上启下的作用。在团队管理上，要做一些技能培训，就上周大家遇到的技能问题做一次总结和分享。也应该找个别员工谈话，有人可能上周的任务完成得不太好，这时候你要及时跟进，去了解原因。你需要设置一个能够激励他的点，这叫作“基础点”。任务完成得特别好的员工呢，你可以尝试对他提出更高的要求，鼓励他接受更高一级的挑战。

一周的中间也就是周三、周四，很多人习惯把这两天叫作“黑暗日”，就是特别容易感觉到疲惫的日子。这时候，你一是要关注大家的工作状态，二是要关注工作数据。

数据是员工每天完成的任务数量吗？比如说，一个员工按照计划每天要开发出一个客户，你天天盯着这个数据，今天发现他数据没出来，少开发了一个客户，你就去找他谈话。这样做对吗？

这样做很容易让自己陷入被动。有个词叫“水到渠成”，结果是过程的必然产物，作为领导者，盯结果不如去盯过程。

员工开发出一个客户的背后是流量与转化率。

销售中的流量就是拜访量，假设他以往的拜访转化率是 1%，那么你就倒推一下，看他要完成多少拜访量才能够达标。

拜访量是真正需要关注的数据，拜访量低了，你就知道该从哪里入手才能督促他。因为拜访量低不是能力问题，是勤奋程度的问题。

假如他在完成拜访量的情况下没完成任务，那是因为转化率低了，那么你就应该帮他去提升技能。你要帮他分析，是他开场白掌握得不够好，还是欠缺解决异议的能力，或者是别的什么原因。总之，要发现他在销售的哪一个环节出了问题，对他进行针对性辅导。

这就是关注过程数据的意义所在，它可以帮你找到解决根本问题的途径。

对于技术团队也一样，你不能只盯着上线时间。你要看在开发的过程当中，员工是不是遇到了一些很难解决的问题。你要多关注一下员工的状态，关注员工的一些进展。

如果你管理的是个 HR 团队，同样也要看过程数据。

比如说，你让招聘专员月底前给销售团队招进 5 个新人，你不能天天去问他“你到底招到几个了”。

你应该去看他之前的面试转化数据，然后倒推，招聘 5 个人应该要面试多少人。假如要面试 20 个人，那这 20 个人来面试就是一个过程数据，但是它的前面还有一个数据。

面试 20 个人，再往前推就是，他应该拿到多少份简历。如果是 100 份简历。那么，这 100 份简历就是你可以关注的过程数据。

说这么多就是想告诉大家，不要用大量宝贵的时间盯结果，应该把重心放在过程上。这个过程包括事务的过程，也包括“人的过程”。

你开周总结会、周启动会，关注员工的过程数据，这是对事；

你对员工进行辅导、技能培训，关注员工的工作状态，这是对人。

你做计划时，既要有事的计划，也要有“人的计划”。你盯过程时也是如此，不光要了解进度背后的原因，还要了解员工的状态，这样到某一个节点，比如到周末或者月底时，结果是可控的，你就不会因为结果出不来干着急。

日计划

前面讲了月计划、周计划，其实将目标分解到人后，这两个计划的制订还是比较好掌握的，反倒是制订日计划比较困难，这也是日常工作中经常困扰我们的问题。我自己就有过这方面的体会。

以前我在做销售的时候，会把自己的时间安排得很有条理。因为我是个非常喜欢做计划的人，喜欢把任何事情都控制在自己的计划之内。

一般我都安排在上午 9 点到 9 点半给几类客户打电话，9 点半到 10 点又给其他几类客户打电话。我是专职做销售的嘛，不太会有人来打断我，我的计划总是执行得很好。

后来我做了主管，事情开始多起来，我也尽量把大大小小的事情都安排妥当，每天的日程满满当当的。

但不久后我就发现，我一天安排了这么多的事要做，结果除了上午 9 点到 9 点半的走动管理没有被打断，后面的计划执行得一塌糊涂：9 点半到 10 点我应该看日报，结果同事进来打断了我；10 点到 11 点我的安排是辅导员工，结果被临时拉去参加了一个会议……

一天下来我就觉得，“天哪，我这一天都做了什么呀？数据没跟踪，员工没辅导”，感觉一切都处于失控的状态，这对习惯了进行高效自我管理、井井有条的我来说非常不适应，我内心一片茫然。

所以，对于目前很多管理者的困扰，我感同身受，很乐意把一些心得分享给大家。

前面我反复提到工作节奏，那么一天也要有一天的节奏。

你先把时间分段，但不能就分上午、下午两段，最好分为早上、上午、中午、下午、傍晚和晚上。

早上干吗？一日之计在于晨，所以早上主要就是开早会，布置工作。把团队的重点工作进行分配，然后每个人说一下自己今天的目标。开发人员就说一下今天开发的进程要到哪一步，要解决哪一个故障。销售员就说一下今天要去走访哪几个客户，想达到的目标是什么，是争取签下意向性协议，还是要去拿款。

除了这些，早会还有一个很重要的作用，就是激励士气。所以，千万不要在早会上批评人，不然早会开得死气沉沉的，很压抑，大家一天的心情都不好了。

早会一般来讲不要超过半个小时，超过了人的注意力就会分散，团队的士气也跟着散去了。所以，建议早会站着开，不要坐着，因为一坐下去人就特别容易放松，超过半小时大家都毫无知觉。

上午做什么呢？追踪工作。追踪什么？追踪数据，追踪进度，追踪员工的状态。

中午的时间，吃饭、午休。

下午一般都是 1 点半上班。但是，我观察下来，发现 1 点半到 2 点这半个小时可以说是垃圾时间，很多人不管有没有午睡，这个时候的状态都是浑浑噩噩的。

垃圾时间你可以拿来跟员工做午间沟通。沟通一下他的目标进展、过程数据和情绪状态。因为沟通是双向的，所以他不可能在你说话的时候打瞌睡，这是对垃圾时间的很好的利用方式。

下午的主要任务跟上午差不多，还是各种追踪，你还可以根据追踪结果进行总结和思考。

傍晚的时间可以做什么？如果你们公司 5 点半下班，那么 5 点钟甚至 4 点半开始就属于比较垃圾的时间了。

怎么利用好这段时间呢？你可以进行走动管理，去关心一下员工的进度。有的人可能过程数据不够好，拜访量离目标还有差距，你可以去提醒一下；有些辅导你也可以在这个时候做，看到员工有什么问题，马上坐下来辅导他做。

然后就是当日的分享了。早会我们以明确目标、激励士气为主，到了开晚会的时候，就可以做分享。比如，有人说他今天遇到了一些问题，大家就一起来帮他分析，看看怎么解决；有人说他今天开发了几个客户，为什么能开发出来，用了什么方法，也可以分享给大家。

那晚上呢？通常主管是不会一下班就走的，如果你们公司有一套信息化管理系统的话，晚上你就可以看看数据，看看今天一天下来你团队的各种数据怎么样。流量数据、拜访量、转化率，还有客单价、复购率、新老会员的购买量等都要看，看了之后还要进行分析。

这套客户管理系统也叫“CM 系统”，是很多公司必备的最基本的系统。如果你们没有的话，市面上有很多这种系统，买进来再做一些个性化的开发就可以了。在没有这套系统时，就要有一个人专门去统计这些数据。

每天结束一天的工作后，你还要让员工写一份日报，其实也就是让他们反省一下自己当天的工作，做自我复盘，写好后直接传给你，你当天晚上就去看、去回复。

到这时，一天的工作还不算全部结束，作为主管的你也要做自我复盘。

大家还记得这一章开头的短剧里理查德·刘易斯是怎样被一个个任务“压死”的吧？四象限分类里有一类是重要但不紧急的事，这类事如果一直拖着不去做，就会变成重要又紧急的事，最后你就会像理查德·刘易斯一样被事情追着走。

所以，重要的事情要天天做。你在做月计划、周计划时就要把这些重要的事情分摊到具体的某一天里，我把它叫作“重要的大石头”。

你复盘的第一件事就是检查今天“重要的大石头”级别的任务有没有完成，或者有没有达到期望中的进度，做完了就打钩，做了一半就在打的钩旁边画个小叉。

除此之外，还有哪些需要继续做的？今天晚上能不能做完？今晚能做完，就绝不要拖到第二天，要做到日清日毕。

今日事今日毕是个很好的工作习惯，反正我的习惯是这样的，如果今天的事情没有做完，我就会睡不好。与其辗转反侧，还不如把事情做完。这样不仅睡得踏实，还会给自己一些很好的心理暗示——我是一个自律的人。这也是一种成就感吧。

复盘结束后，再根据月计划和周计划来安排一下明天的工作，这部分做熟练了后其实处理起来是很快的，按部就班去做就可以了。

唯一需要注意的是，有时候会有一些计划外的状况出现，你需要临时加进去。

比如，今天你发现一个员工在技术开发上有一个严重的习惯性问题，明天你要辅导他一下。你的周计划是辅导三个员工，但不包括他，明天你就要把他加进去。又如，今天有个项目出现了一个问题，在周计划中是没有预计到会出现这个问题的，但是今天出现了，且只解决了一部分，需要你明天继续解决，你就得把这件事情也安排进去。

日计划一定不能排得太满，得留出一些机动的时间，用来处理计划外的问题。如果你有 8 个小时，就可以给重要的事情安排四五个小时，其他的时间可以做机动的事情。

你的岗位级别越高，留出的机动时间的比例就要越大。作为基层管理者，留出的机动时间可以少一点，因为你的职责的覆盖范围没有那么大，你管理的人没有那么多，事情也没有那么复杂，相对来说标准化的事情会多一些。

以上我从自己的经历出发，给大家介绍了三个不同时间段应该制订怎样的计划，采用怎样的工作节奏。

都说应该学以致用，为了让大家在工作中能够更好地实践，接下来我将分享几张实用的表格，一张展示了怎么将月计划分解到周，还有几张是销售时间表的范例。

范例

月计划分解表（见表 2-1）

每一个时间段的工作节奏都包括业务节奏和团队管理节奏。作为一个管理者，你不能只盯着业务，还有一个很重要的任务，就是要把团队里人的因素考虑进去，应该把这个作为你制订计划的指导方针，用来约束、牵引你的行为。

表 2-1　月计划分解表

月计划	具体计划	目标和计划分解（目标可量化，行动可落地）				
		总目标	第一周	第二周	第三周	第四周
业务计划	销售额	100 万元	20 万元	25 万元	30 万元	25 万元
	目标分解到人、周	第一周 100% 完成	前三天完成与所有人的沟通，将目标分解到人			
	老客户回访	第三周 100% 完成	确定回访方案，调取所有老客户资料	完成50%的老客户回访		
	新市场产品教育	完成 10 个点的教育工作	江南区域完成三个社区的产品教育工作	滨江区域完成五个点		
团队管理计划（团建、学习和成长）	做一次增强凝聚力的团建	对团建活动的满意度达到 9.6 分	活动方案达成共识，分工到人	周六完成团建活动	周二前完成反馈	
	新员工辅导	辅导三个员工：阿美、大风、小刘	辅导阿美如何处理反对意见			

从表中可以看到，月计划就分两大块，一个是业务计划，另一个是团队管理计划。

业务这一块列出了这个月的具体计划，要把目标分解到人，也要分解到周，然后还要回访老客户，做新市场的产品教育。

然后是目标，目标栏里写什么呢？写每一项计划要完成到什么程度，你要给自己定一个可衡量的目标。比如说，这个月的计划是做到 100 万元销售额，那么需要先把 100 万元的任务分解到人。打算什么时候完成这件事呢？你要在第一周就百分之百地把任务分解到人。

要回访老客户，就意味着要在前三周完成所有老客户的回访，也是百分之百地完成。

关于新市场的产品教育，也要列得很具体。

每一个目标都要有具体的完成度，都应是可衡量的。接下来，就要把目标分解到每一周。

第一项是将 100 万元销售额进行分解，第一周的目标是 20 万元，第二周的目标是 25 万元，第三周的目标是 30 万元，第四周的目标是 25 万元。

第二项是将目标分解到人，你在第一周的前三天就要与所有人进行沟通，并将目标分解到人。

回访老客户和新市场的产品教育工作也要分解到周，写明具体的行动和完成度。

通过这个案例，大家可以看到，不管我们的目标是从月分解到周，还是从周分解到日，总的原则就是一定要可衡量、可操作。

前面讲的是业务计划，那么团队管理计划呢？一般来说，员工的学习、培训、辅导、个人成长等，都属于团队建设范畴。这个计划表里，这个月的团队管理计划除了要辅导三个新员工，还要做一次增强凝聚力的团建。

团建的目的有很多种，可以是为了迎接新人，可以是为了释放压力，这次是为了增强团队的凝聚力，我把目的也直接写在了表中。

那怎么样来衡量这次团建的完成度呢？我们说目标一定要量化，那好，就让大家为团队活动打分，满分是 10 分，定的目标是 9.6 分。问卷调查表可以去网上找，也可以自己设计一些问题加进去。

目标清晰了，下面就是分解到每周。第一周你要做出活动方案，跟大家达成共识，并且把任务分配下去，比如说谁负责宣传，谁负责拍照、拍视频，还有负责采购物资的，负责点名签到的、管钱的，等等。所有这些你都要分工到人，不要什么事都自己干。本来就是一次增强凝聚力的团建，大家一起策划、一起参与才更有意义。

第二周要完成团建活动。第三周的周二前要完成满意度的评分，就是为活动做反馈。

还有一个团建内容是员工辅导。因为这次进来的新员工比较多，所以要做新员工辅导。目标栏里不光写明了要辅导谁，还写上了辅导的内容。

看完我的这张计划分解表，大家有什么感想呢？我总结一下，这张表的要点有三个。

一是我们的计划一定要从业务计划和团队管理计划两个维度去做，既要有事，也要有人。

二是计划当中一定要有目标，而且目标必须可量化。

三是目标分解到周的时候一定要有动作，要分解到行为，做到数据可跟踪、行动可落地。

销售员黄金时间表

下面我们来看一张销售员黄金时间表（见表 2-2）。

表 2-2　销售员黄金时间表

时间段	客户安排	期望结果
8:30—9:30	钻石 0 类客户	开发出两个以上 3 类客户
9:30—12:00	2 类客户（催单），重点 3 类客户	转化两个 2 类和两个 3 类客户
13:30—15:30	资料不全的 0 类客户	开发出两个 3 类客户
15:30—17:30	非重点 3 类客户（第一轮催单）	开发出 1 个 2 类、两个 3 类客户
17:30—18:00	0 类客户或者之前联系不到的客户	“撞兔子”
合计	0 类 15 个、1+2 类 5 个、重点 3 类 10 ~ 15 个、非重点 3 类 20 ~ 25 个	2 ~ 3 个到单，开发出 2 ~ 3 个 2 类客户、4 ~ 6 个 3 类客户

我们一般上午 8 点开早会，销售员 8 点半到 9 点半要给钻石 0 类客户打电话。

什么叫钻石 0 类客户？就是公司信息、电话、姓名、职务这四个要素都很齐全的客户，我们认为是高质量的客户。为什么早上要打给这些人？因为一天当中早上的心情很重要，如果一开始就给低质量的客户打电话，很容易影响这一天的状态。

那么销售员期望的目标是什么呢？是要开发出两个以上的 3 类客户。

上午 9 点半到 12 点，他要给 2 类客户（答应一个星期内要办款的客户）以及一些重点 3 类客户打电话，对 2 类客户进行催单。

他期望的目标是什么呢？转化两个2类客户和两个3类客户。

在下午1点半到3点半这个时间段，他希望从资料不全的0类客户中开发出两个3类客户；3点半到5点半就打电话给非重点3类客户，并进行第一轮催单，同时期望能开发出1个2类、两个3类客户；5点半到6点是“垃圾时间”，就用来给那些只有一个电话号码，甚至只知道姓的0类客户和之前不接电话、联系不上的客户打电话，这时候没什么目标了，就是广撒网，“撞兔子”，逮着一个是一个。

这样一天下来，他的业绩如何呢？会有2～3个到单，开发出2～3个2类客户、4～6个3类客户。这个销售员无论从流程还是结果来看，都可以算得上很称职了。

你去看一些销售冠军的访谈，就会明白他们的业绩为什么那么出色。他们无一例外都掌握了很好的工作节奏，他们会根据一段时间的实践，摸索出最适合自己的时间安排，然后使它标准化，作为每天的工作指引。

这种标准化的时间安排特别适合电话销售或微信营销。

这可以给我们什么启示呢？**作为管理者，如果想对员工进行标准化管理，就一定不要闭门造车，要总结销售员的经验，从中提炼出实用的、高效的部分，形成一个标准化的工作流程，在团队里推广。这既是在复制优秀，也是在向员工普及时间管理的理念。**

我再给大家提供一张销售主管黄金时间表，大家可以参考一下（见表2–3）。

表 2-3　销售主管黄金时间表

时间段	工作安排
8:00—8:25	早启动：统计当天目标，激励队员，增加士气
8:30—9:30	走动检查员工的工作习惯，看他们的状态 客户安排检查（跟丢数、日总数、成熟度、客户质量等）
10:00—11:00	推优（优秀日报、优秀客户安排、优秀说辞等） 帮助员工 DC（Double Call，双重拜访）
11:20—12:00	统计上午业务进展； 通报早上过程目标完成情况，启动下午的工作
13:30—14:00	走动管理，激励销售一线员工
14:00—16:00	走动管理，激励销售一线员工； 总结当天工作
16:40—17:40	与主管们交流； 对当日过程与开发情况进行通报和提醒，做晚会 / 辅导 / 培训 / 个体沟通准备
18:00 以后	晚会 / 辅导 / 培训 / 个体沟通，为第二天拜访客户做准备

这个销售主管的黄金时间表跟销售员的相比，比较特别的一点是，他在 16:40—17:40 这段时间内安排了自我提升的内容，他可以走到其他主管那里进行交流，讨论别人的数据为什么比他的好、别的新人为什么成长得比较快之类的话题。他经常在两个时间段之间留出半个小时的机动时间，用于处理一些突发状况。

如果是部门经理的话，机动时间应该预留得更多一些。上面有他这一个月的计划，分解到每一周、每一天后，几点到几点要做什么，他也应该清楚地列出来。

总之，工作计划是非常重要的，涉及业务管理方面，“颗粒”应该再细一点，特别是客服岗、销售岗，目标、时间要安排得尽可能细致一些，当然人事岗也是。但有些岗位，比如技术研发岗，可以相对宽松一点，因为它属于创造性的岗位，它的工作节奏有一定的特殊性。在这里，我给大家提供的是一种时间管理的思维，在实际应用时大家可以具体问题具体分析。

陷阱二：工作被打断

正当专心致志地工作时，突然被琐事打断，这种情况人人都遇到过吧？是不是有人也像短剧中的理查德·刘易斯一样疲于应付呢？

严格地说，想要完全杜绝这种现象的发生是不可能的，但我们可以使用一些小技巧让它对自己的干扰减少一些。

化被动为主动

我们先来看看不速之客都有谁。

首先就是你的上司。我在第一章里讲过，当你成为管理者时，你就要直接面对上司，如果他老是来打断你，吩咐你做这做那，你怎么办？我有两个建议。

第一，你要做到不拒绝、不回避。

如果你上司突然过来跟你说，“今天这个事情我想交给你去做”，你先不要直接去拒绝。你可以说：“我今天有三件必须处理的事情，对公司和团队都挺重要的，加上您说的这件事，您看怎么安排比较好？”

把皮球踢给上司，让他去判断优先级。站位常常会影响一个人的决定，从你的角度，你可能认为你的事情非常非常重要。站在你上司的角度，可能你那几件重要的事都不及他的这件事重要，这时你要以大局为重。

第二，如果你的上司经常打断你的工作，你就要反省一下，是不是你哪里做得还不够好。上司不放心，时不时要来盯一下你的进度，时不时要给你安排一件事情，他是不是觉得你太闲了？他是不是不知道你在忙什么？所以，你平日里要多加强跟上司的沟通，让他了解你这一周、这个月、这个季度的工作和进度，变被动为主动，降低他对你的干扰。

因此，我建议你在每天的工作中都跟上司有一次“对焦”，哪怕就说几句话也行，千万不要好几天都没动静，那样上司可能真的会很着急。

除了上司，更多的干扰可能来自同事，因为他们就在你身边。对此我有几个小诀窍可以分享给你。

一是你每天都要预留出被打断的时间。有问题就在这个很短的时间里尽快处理掉，不要让它干扰你常规的计划。

二是站立会客。千万不要跟知心大姐似的，说“来来来，拿把椅子，你坐下来，我们来聊一下”。人一坐下来就会放松，5 分钟能搞定的事可能半小时都说不完，这样你的效率能不低下吗？

所以，当同事走进来的时候，你可以一边嘴上答应着，“哦，找我有事啊”，一边站起来迎上去，通过肢体语言告诉他你在忙。对特别啰唆的人，你还可以时不时看一下手表，提醒他不能说太久。

学会说“不”

我们提倡对人友善，但你也不能成为“烂好人”。对于确实你应该去做的事情，再难你都不要推诿；但对于不该你去做的事，哪怕在你能力范围之内，你也要学会说“不”，这是很有必要的。

为什么很多人不敢说“不”呢？可能是因为潜意识里希望自己被喜欢、被接受吧，也可能是因为怕得罪人、怕被报复。不管是哪种原因，也不管是在生活中还是在职场上，不敢说“不”都会给自己带来很大的困扰。那你该怎么做呢？当你的工作屡屡被打断时，你一定要用以下技巧来应对。

首先，你要耐心聆听。耐心聆听不代表要坐下来听，你依然要站立会客。

如果他跟你反映的事情你没办法当场做决定，你可以告诉他，“这件事我听明白了，但我现在手头上的事比较急，要赶在下午 3 点之前完成。我答应你，今晚 8 点之前会给你回复”。就是说，你一定要给对方反馈。

其次，你要保持和颜悦色，要很认真地对待他。千万不要一边看着电脑一边随口应着，显得很不耐烦。

之后如果你要拒绝，记得一定要委婉。怎么样算委婉呢？就是让对方既听出来你的坚定又感受到你的真诚，让他知道你拒绝的是这件事而不是他这个人。如果有必要，你还可以介绍其他人去协助他解决这件事。

最后，还要特别强调一点，你一定不要通过第三方去拒绝别人。否则会很不礼貌，会让人感觉你在回避他，你在拒绝他这个人，这样一来你就让简单问题复杂化了。

陷阱三：拖延症

说到拖延症，估计人人都能举出几个身边人的例子吧？这种现象确实很普遍，这跟人的性格、习惯都有关系，有人天生做事麻利，有人做什么都慢吞吞，能拖就拖。作为普通人，你可能会觉得拖延症没什么大不了的，但在管理者看来，拖延症的危害大了去了，短剧里的理查德 · 刘易斯不就被拖延症害惨了吗？

如果你也有这种困扰，可以尝试从三个方面着手，尽量避免拖延。

第一，给每项工作安排紧凑的时间。

举个例子，老板让你下周一下班前交一份报告，你一想，今天才周二，还早呢。忙忙碌碌的一周很快就过去了，你并没有忘记这件事，你甚至还计划得挺好，下周一上午专门抽出时间来完成它。

结果呢？下周一的时候，一会儿老板临时安排了个会议你必须去参加，一会儿员工之间出现了纠纷要你去处理，连你预留的机动时间都不够用了，一天下来你手忙脚乱的，直到临近下班时间。

怎么办？你还能怎么办，用最后一小时匆匆把报告赶出来，报告的质量你自己都不愿去想。如果你的员工也像你这样对待你交付的任务，你愿意吗？

那怎么做呢？你可以给每项工作安排紧凑的时间。什么叫紧凑的时间？如果说这件事情可以在三天内完成，那就不要给自己一个星期的时间。你给员工布置任务也是如此，如果是一天就可以完成的，就绝不要给两天时间。

有些人就是这样的，他的时间紧迫感不强，无论你给他多长时间，他前面都不会干，一定要拖到最后半天才来干。所以，你必须先预留好时间，把给他的时间压缩到合理范围内。

第二，不要把难事往后拖。

当人们面对自己不擅长、不熟悉的事务时，有畏难情绪也是人之常情。但在工作上，你要是放任自己逃避困难的话，经常会让自己陷入被动，另外这也会影响你的心理，事情变得越来越难，谁会开心呢。

我们做事的时候一定要记住，难事不要往后拖，越难的事情越要往前放。因为你把难的事情放在后面，很可能到时候你的时间会失控，拖到不能再拖时，拖到你不得不哭着也得把事情做完时，不要说保质保量地完成任务了，单说这种负面情绪对你的影响就很不好。

先做完困难的事，剩下的都是你喜欢做、擅长做的事情，你就不会拖延，这也能让你处理问题时更自信。

第三，不要把喜欢的事做过了头。

比如说，让你做一个美工设计，这件事情你很喜欢也很擅长，结果你左弄弄右弄弄，搞了几十个版本出来，这就是做过头了。做过头的后果就是，你发现很多该做的事情都没做，都积压下来了。所以，一定要适可而止，用理智战胜欲望。

在四象限分类表里，重要但不紧急的事是最容易被拖延的，所以你必须提醒自己，这类事要天天按照进度做，一定不要让它最后变成紧急的事。

陷阱四：事必躬亲

我在第一章里分析过保姆型管理者的危害，在实际工作中，保姆型的管理者不在少数。

事必躬亲就是这类人在管理上的表现之一。为什么会这样？有可能是因为这件事情他们太擅长了。

比如说，你是 Java 工程师，做过技术部“老大”。凡是碰到 Java 开发方面的事情，尤其是员工遇到瓶颈时，你就忍不住要自己出手，解决完还很有成就感，你做主管都没这么满足过。问题的关键是你只顾享受自己攻坚克难的喜悦，并没有想着去教员工方法，下次员工再遇到问题时，还得你亲自上阵。

还有一种原因是你可能缺乏安全感。

就像短剧中的理查德·刘易斯，连中午的菜汤做什么都要他定夺，那还要配菜主管干什么呢？我们没理由相信配菜主管连菜单都搞不定，唯一的原因只能是理查德·刘易斯不愿授权，他在通过这些事情来维护自己的权威。那结果呢？他又不是超人，每天的时间都有限，他怎么可能面面俱到呢？

所以，我建议有这些倾向的管理者，为了让自己未来能在管理领域有更好的发展，一定要时时提醒自己，要学会授权、学会接受不完美。

事必躬亲只会让你自己和他人都不能成长。

你对别人一定要有容错的胸襟。一件事情你很擅长，你可以高效、高质量地完成，轻易做到100分，而你团队里面最好的员工也只能做到70分，这时你该怎么做？接受不完美，鼓励他试错。你可以把经验和技巧教给他，但是一定要让他亲自做。

当你把他从70分培养到100分的时候，你不仅拥有了一个能干的员工，还会收获支持和尊敬。

陷阱五：文件满桌

我看到很多人的习惯很差，无论是笔记本电脑还是台式电脑，整个电脑桌面都被铺满了，有Word、Excel、PPT、视频、无数张照片……天哪，真的能让人疯掉，你让他们去找一样东西，他们根本就找不到，因为他们从不分类。

也许世界上真的有一种创意型的人，他们习惯了在混乱的环境中工作，在混乱中找到灵感。那种人另当别论，我们大多数人在工作时，是需要有一点条理的。

如果你的抽屉是乱七八糟的，你的整个电脑桌面也是乱七八糟的，基本上可以判断你在工作上也是个不会计划而把事情搞得乱七八糟的人。

这类人不在少数，愿意改变这种坏习惯的人也不在少数，所以市面上才会有那么多教大家如何收纳、整理的书。

要做到整洁、有序其实没那么难，难的是坚持并养成习惯。当你认识到它能给你带来什么好处时，也许会促使你改变吧。

俗话说“磨刀不误砍柴工”，首先，你要做到及时归档整理，这一步看着像是会让你多花点时间，但是会让你后面的工作更加高效。比如，将垃圾文件及时清理，就会让你少受很多干扰。

其次，整理的过程也是检查、反省的过程，安排得合不合理、有没有疏漏，一边整理一边思考，对你的工作也大有裨益。

最后，一个整洁、有序的管理者，也会更容易赢得别人的信赖。大家都会愿意把事情交给这样的人去做。

会议管理

一场高效的会议有三个衡量标准。

（1）会议的主题跟你有关。在高效的会议中你有需要发表的意见，会后你也有需要执行的任务，如果你只是一个被告知的角色，就不用来参加了。

（2）进门有准备，出门有行动。要带着问题和方案来开会，会后积极执行。

（3）与会的人要有聆听力、发问力和决策力。他们听没听你的话可能不好判断，他们在会上没有问问题，可能是他们都听懂了，但如果他们没说一句话，没发表过任何意见，就是不合理的，一场高效而有意义的会议需要大家共同参与讨论和决策。

组织一场这样的会议通常要做到四点：充分的会前准备、明确的会议目的、合理的组织形式和高效的会议跟进，我就按这四点分别来讲一下。

充分的会前准备

常言道，“良好的开端是成功的一半”，充分做好会前准备是会议取得成效的根本保证。

记得在学校里写记叙文时，老师就总强调 5W1H，说这几个要素必须交代清楚。我们开会也一样，会前准备阶段最重要的事就是填好这张 5W1H 表（见表 2–4）。

表 2–4　5W1H 表

项目	内容
会议目的	
会议任务	
主持人	
出席人	
开始时间	
结束时间	
会议地点	
会议形式	

WHY：会议的目的是什么？要写清楚会议的目的，比如，要解决我们团队转化率低的问题。

WHAT：会议的任务是什么？比如，要拿出转化率低的问题的几个解决方案，方案可落地，会后有行动。

WHO：确定主持人和出席人。

WHEN：确定开会时间，即会议开始时间和结束时间。这一点我要强调一下，写明结束时间很重要。

很多开会通知上都只有开始时间，没有结束时间。为什么？可能是因为组织者不知道几点钟能结束，会议对他来说是不可控的。如果写上了明确的时间，别人就可以监督他，他就会有无形的压力，所以就干脆不写了，但这是对别人时间的不负责任。

我到过很多公司，看到很多高管甚至老板开会的时候都不说会议结束时间，只要他们一说开会，大家就得把整个上午的时间都留出来，根本不敢做其他任何安排。

所以，我的团队要开会，我会要求一定要写上结束时间，这样的话大家才好安排。

WHERE：开会的规模和地点。

HOW：会议的形式，就是我们打算用什么样的形式来开这个会，是头脑风暴会、决策会还是讨论会。

想开一场高效的会议，首先你要把这张表填全，做到不填全就不开会，以此来约束自己，珍惜每个人的时间，不要随便就开会。

除了填表，开会前还有两件事必须做。

第一件事就是组织者要明确与会者所扮演的角色。

比如说，我们这次会议要解决转化率低的问题，那与会者的角色就是问题的解决者，来开会时必须带着一个解决方案。另外，关于转化率低的情况，与会者也要把看到的问题带过来。

当每个人都带着问题和解决方案来开会的时候，会议就不会白开，也不会有人只是拖把椅子坐在那里，从头到尾不说一句话。

第二件事是组织者要给与会者提前准备合适的资料。

组织者不仅让与会者提问题，还要让其提前想出解决方案，数据、信息不全怎么行呢？有的组织者喜欢在会议上发资料，不过，除非是特别重要的文件，一般的资料尽量在会前发给大家。

假设你要开月度总结会，那你肯定有很多数据：每个员工的到单情况、业绩情况怎么样，流量情况怎么样，转化率怎么样，新老客户的维护怎么样……这些数据你不要等到大家来开会的时候再发给他们，否则会上大家都在埋头看数据，一看半天，会议就变得很低效。

也许你会说，资料发下去，有些人也不会看的。那怎么办呢？

我们都知道，没有检查就没有执行力。但你不要像老师检查学生作业一样在会上进行检查，都是成年人了，大家都要面子的。你只需要让他们每人都带着一个问题、两个方案来开会，他们就必然会认真看资料。

以上就是我们为开会所做的准备工作，虽然听上去有些烦琐，但是能让大家慎重对待开会这件事。只要能解决问题，可开可不开的会议就尽量少开。

举个例子，团队总共就 6 个人，如果只是想听听 6 个人的意见，那一定要通过开会来解决吗？不用，你完全可以到每个人的工位上去单独沟通，这样他们反而会把意见讲得更充分。所以，收集意见这个环节完全没必要用开会的形式来完成。

收集到意见以后，你想让这些人一起讨论出解决方案，形成决议，这时候你可以再召集大家开会，引导大家进行讨论，达成共识。

综上所述，会前准备很重要，没有充分的会前准备，会议就注定是很低效的。

明确的会议目的，合理的组织形式

这两点我放在一起讲，因为两者存在着密切的逻辑关系——会议的目的决定了会议的形式。

比如说，如果你的会议目的是解决问题，你可以采取研讨会的形式；如果是想收集创意提案，你可以搞头脑风暴会；如果是为了执行决策，你就开例会。

例会是团队管理中经常采用的一种会议形式，我重点讲一下。

首先要明确例会的目的。比如说，你想解决大家提交周报不准时这个问题。说好的每周六晚 6 点半前提交周报，但总有些人拖拖拉拉，需要一催再催。怎么办？你希望能对此形成一个决策。这就是会议目的。

那么在会前你就要跟一些老员工充分沟通，了解大家为什么不能及时提交。是时间点不合理，还是什么别的原因？你希望他们能对提交周报的时间达成共识，让主管在那个时间点能够看到所有的周报，这样效率比较高。针对这个问题如果大家有一些好的方案，这个时候就可以收集起来。

如果会前做了充分的沟通，在会上大家就更容易达成共识，开会效率就比较高。要注意的是，在会上一定要给大家充分表达的机会，你不能跟土皇帝似的搞一言堂。高压之下大家都不说话的时候，其实是很可怕的，因为你不知道他们内心真实的想法，他们对你的提案是否抵触，会后是否愿意落实，你都不知道。

其次，要让大家充分表达，但不是天马行空地随便说。因为已经事先进行了沟通，大家有什么想法，会提出一些什么策略，你心里大致是有谱的，这时你要肩负起引导的责任，做个隐形的决策者。

比如，有人建议取消周报，你能答应吗？你能为了尊重大家的意见而发起投票吗？那肯定不行。这时你就得强调周报的重要性，讲清它对大家复盘工作、提升能力有什么帮助。

所以，取消是不可能的，但大家可以商量出一些办法，让准时提交周报不再是负担。这才是大家坐在这里认真讨论的目的。

当大家七嘴八舌地说了很多意见时，你可以适时插话："你们说得太棒了，如果我们现在来定公约，第一条应该是什么？"于是，大家在你的引导之下共同参与，最终形成了一个决策。这样的决策是不是更得人心，更容易贯彻执行？

如果会议目的是形成决策，就像前面这样以例会的形式形成一些决策；如果会议的目的是解决问题，就可以采取研讨会的形式。

比如说，团队最近转化率很低，那么低在哪儿呢？是低在新客户还是老客户身上？低在哪个区域？所有这些数据和现象，你都要列出来，在会前把列表发给大家，让他们每人带着一个问题、两个方案进会场。会议开始后，大家就不用再花时间看数据和分析现象了，而是可以直奔主题进行讨论。

数据呈现出来的是现象，大家要讨论、挖掘的是问题的本质。比如，数据显示新人的转化率低，大家说本质就是对新人的培训不够，你就可以说："OK，那我们就来确定一个有针对性的解决方案吧。"

解决方案就是你要在这个月第一周对新人进行一场培训。培训什么呢？可以集思广益，让大家提方案、谈分工，继而细化整个行动计划。

在整个研讨会的过程中，你要甘于做隐形的决策者，虽然事实上你是一个很重要的角色。从一开始的启发式提问、暗中引导到最后的归纳、总结，每一步都体现了你这个管理者的水平，但你最后要把功劳归于大家，这才是真正的智慧。

头脑风暴会也一样，如果你要收集创意提案，就可以用这种会议形式。头脑风暴会很重要的一点是，你不能让自己成为团队里最聪明的人，更不能打击别人、凸显自己，一定不要出现批评和否定，否则你的会议注定收效甚微。

做一个大智若愚的管理者，你的团队才会越来越强。

高效的会议跟进

会议的最后一步就是跟进，我们通常以会议纪要作为执行依据，追踪会议效果。

我看到很多会议都是不做纪要的，那么不做会议纪要会有什么后果呢？

世界最著名的调查公司盖洛普公司曾总结过，信息是会衰减的，假定你心里想的是 100%，你能用语言表达出 80% 就已经很不错了，这些话被别人听去，别人能听到 60% 就很好了，而真正听到并理解的可能只剩 40% 了，最后去执行的部分会进一步衰减为 20%。不形成文字纪要、无法回顾、不提供执行依据的会议，效果失去很多，因此建议大家重视会议纪要的整理。

怎么记录会议内容呢？现在有各种技术手段的加持，已经比早年间容易多了。你可以速记，也可以先录音再整理成文字，很多视频会议也可以录屏，回去再做整理。

通常会议纪要都有模板（见表 2–5），这里我就不赘述了。

表 2-5　会议纪要模板

<table>
<tr><th colspan="3">会议纪要</th></tr>
<tr><td>第　次会议</td><td>会议地点:</td><td>会议时间:
年　月　日　时</td></tr>
<tr><td colspan="3">出席人员:</td></tr>
<tr><td colspan="3">缺席人员及事由:</td></tr>
<tr><td colspan="2">主持人:</td><td>记录人:</td></tr>
<tr><td colspan="3">议题:</td></tr>
<tr><td>会议决议</td><td>责任人</td><td>完成时间</td></tr>
<tr><td></td><td></td><td></td></tr>
<tr><td></td><td></td><td></td></tr>
<tr><td colspan="3">出席人员意见:</td></tr>
<tr><td colspan="3">出席人员签字:

年　月　日</td></tr>
</table>

需要提醒的一点是，整理的时候，对会议中的一些决策事项一定要做明确的分工，个别员工也许不会关注这个团队最后形成了什么决议，但他一定会关注自己要负责的部分。

比如说，关于转化率的问题，小 A 要负责的事情是去筹办一场培训会议，确保参加培训的人不少于 90%。那么，请谁来讲课？课件什么时候准备好？什么时候给大家上课？培训完成后的落地工具表由谁负责整理归档？要将所有的分工都记录准确，作为执行依据。这就叫会中有决策，会后有执行。

一场高效的、成功的会议，必然能起到沟通协调、解决问题的作用，是能让与会者有所收获的。所以，我们有时要做会议满意度调查，以警醒自己，少搞形式主义，非必要的会议尽量少开。

第三章

用对同理心，搞定沟通

人是社会性动物，不仅是一种合群的动物，而且是只有在社会中才能生存的动物。

什么是合群？没有交流沟通、没有相互了解，怕是很难做到合群吧？可以说，我们作为社会的一分子，每天的生活、工作都离不开和别人沟通，而如果你是个管理者，沟通更是一门必修课。

沟通是管理者的必修课

我在每一次做管理培训的时候，“有效沟通”都是个绕不过的话题——跟老板的沟通、跟员工的沟通、部门之间的沟通，甚至回家后跟家人的沟通……只要一开启话题，人人都有一肚子话要说。

沟通对人的影响真是无处不在。

沟通对职业的影响

我们先来看两份调查报告。

普林斯顿大学通过对 1 万份人事档案进行分析，发现了一个成功人士的规律——智慧、专业技术和经验只占成功要素的 25%，而 75% 都是由良好的人际关系带来的。

也就是说，我们在面试的时候，习惯去考察应聘者的智商、学历背景、专业技能、经验怎么样，但是，这些竟然只占成功要素的 25%。

因此，很多大厂除了要求应聘者有必备的专业知识和经验外，还有一项非常重要的考核，就是要求他们有一定的沟通能力——会不会聆听？能否抓住对方说的重点？能否把自己的想法表达清楚？

哈佛大学的就业指导小组也做过一份调查，结果显示，在 500 个被调查的人中，因沟通不畅而导致工作不称职的占了 82%。

这么高的比例，你觉得意外吗？其实我们根据自己或身边人的经历就能感知到，这个数据并不离谱。

想想你自己，辞去上一份工作的原因是什么？

尽管很多人会说自己离开是有原因的，比如父母生病了，我要结婚了，还有什么部门优化、公司倒闭之类的，事实上这些看上去能拿得上台面的理由往往并不真实。有很多人之所以选择换工作，就是因为原来的人际关系、职场环境让他们不开心。

究竟是他们自己不好还是别人有问题，我们无法下定论。但我们要知道一点，有人的地方就有江湖，逃避解决不了根本问题，怎样让自己适应甚至改变环境才是我们应该去思考的。

如果把一个人的综合能力比作冰山，水面之上看得到的那一小部分是知识体系、专业技能和经验，水面之下看不到的部分才是真正能支撑起这个人的内核，这部分叫作“通用能力”。

我们都很佩服那种做什么都能做得很好的人。你仔细观察一下，就会发现这类人有优于常人的地方——他们的学习能力和沟通能力都很强，我们习惯把这些称作“综合素质”。

所以，沟通能力会影响一个人的职业走向。这也是这两份调查报告给我们的最大启发——要重视沟通能力的提升。

沟通能力是可以习得的

聊起沟通的话题，我常听到有人说：“我天生内向不爱说话怎么办？”这时我就会想起一个人——通用电气公司前总裁杰克·韦尔奇，他性格内向，但成了演讲大师。

看过他传记的人都知道，他从小就有口吃的毛病，同学们嫌弃他，不愿意跟他玩，他因此变得自闭。

幸运的是，他有一个充满智慧又善解人意的妈妈，她不断地鼓励他去做他喜欢的事，鼓励他动脑筋、搞小创造，也总是及时夸奖他，引导他更多地表达自己。

当一个人在自己擅长的领域积累了足够的自信时，他对弥补缺陷也就不再害怕和排斥。韦尔奇刚开始在通用电气公司技术岗位工作时，就已经不把口吃当回事了，事实上他的口吃也确实不严重了。

他变成了一个很喜欢表达的人。当他做 CEO 的时候，在公司吃饭时，他会拿着自己的餐盘，随机找到一个员工，在他旁边的位置坐下来，跟他做一些交流。他还很喜欢走动管理，看到员工有好的表现，就及时给予肯定和鼓励，还会跟他交流一些想法。

韦尔奇在通用电气公司一直做到退休，退休后在世界各地做演讲，无数人从他的演讲里汲取了力量和养分。他成了管理大师、演讲大师，也成了无数人的榜样。

举这个例子是想说明什么呢？

如果你天生就爱表达、善于表达，那么恭喜你，你比一般人更容易获得沟通带来的益处。

如果你是一个性格内敛、不善于表达的人，你也不要自暴自弃，因为韦尔奇的经历告诉我们，沟通能力是可以后天习得的。

当然也不排除有这样一部分人，他们的自我意识比较强，觉得坚持自己的个性是件很酷、很重要的事。“难道我性格内向、不爱交流就不能做好工作了吗？我坚决不改会怎样呢？”

凡事无绝对，但是人际关系一定会影响到你的方方面面，而良好的人际关系必定是靠沟通得来的。尤其是当你成为管理者的时候，你几乎没有这样任性的资格了，因为沟通对你的管理工作来说实在太重要了。

卡茨理论

我们来看看大师是怎么说的。有一个著名的管理理论，是美国学者罗伯特·卡茨提出的，所以叫“卡茨理论”[1]（见图 3-1）。

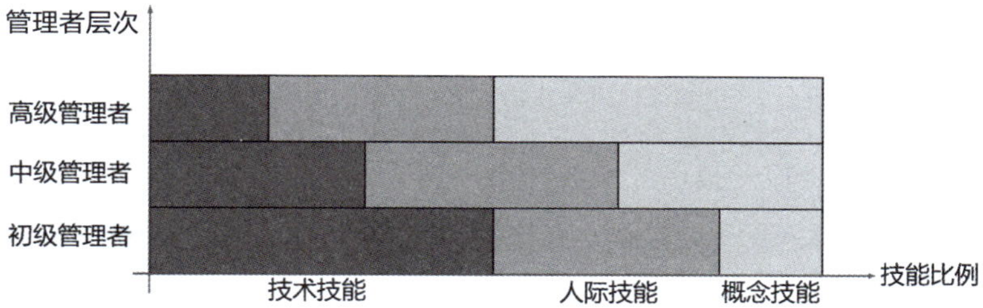

图 3-1　卡茨理论

他把管理者的层次分为三层，分别是初级管理者、中级管理者和高级管理者。

卡茨认为，管理者必须具备技术技能、人际技能和概念技能，这三种技能在不同的管理者层次中所占的比例有所区别。

1　源自罗伯特·卡茨（Robert Katz）1955 年在《哈佛商业评论》（*Harvard Business Review*）上发表的《高效管理者的技能》（“Skills of an Effective Administrator”）。

他的理论核心是，所有的管理者都应该具备这三种技能，但是层次不同，每种技能所占的比例也不同。

这个理论对实践的指导作用非常大。

我先说一下什么叫技术技能。技术技能就是在你所负责的这个领域，你是技术老大。如果你是技术主管，你的技术开发能力应该很强；如果你做销售，你的销售能力应该很强。

什么是人际技能呢？主要是指你的沟通能力。作为管理者，你知道怎样跟员工沟通，怎样去激励、引导员工才能够激发他的主观能动性。

最后是概念技能，这个技能不像前面两个那么直观。它是指你面对复杂情况时会分析、判断，具备进行抽象化、概念化思考的能力。

举个例子，今天有个客户对你们产品的价格提出了反对意见。你作为销售员，当然知道怎么去解决。你会跟他讲述产品价值，让他感受到性价比，也许超高的性价比就能让他接受这个价格了。

但这只是你的技术技能，如果你拥有概念技能呢？你会从这个反对意见里剥离出别人发现不了的根本原因，将它上升到抽象的层面，从而解决这一类的问题。

如果你遇到问题经常能做到这一步，那么恭喜你，你的晋升空间是非常大的。

初级管理者一般就是指基层管理者，带的是一线员工。从图上我们可以看到，他们的技术技能所占的比例最大，其次是人际技能，最后才是概念技能。

这也很好理解，一个基层管理者，首先得在技能上有两把“刷子”。

比如说，你是销售主管，带的是 10 个人的销售团队，你自己在销售岗位上最起码得是个业务骨干，不然手下人怎么会服你？

同样，如果你是个技术主管，你下面是一些 Java 工程师、前端工程师和测试人员，那你要么在 Java 方面很擅长，要么前端技术能力很强。总之，你一定要有一块擅长的领域，否则技术人员也不会服你——“哦，你什么都不懂，凭什么来管我们？”

一位一线员工可能在新人时期就需要你的指导，你做他的师傅，给他想办法。为什么我们很少空降基层管理者？因为越是基层的管理者越需要自己培养，他对自己那一块的业务很熟悉，他的专业技能可以服众，空降过来的反而难以生存。

除了技术技能要过硬，在人际技能上对初级管理者有什么要求呢？

如果你只是个技术人员，那么你知道怎么写代码就行了；如果你是个销售员，那么你看到客户就要知道怎么签单，你不去总结、提炼，也不会有太大的问题。但作为管理者，仅仅这样是不够的，你要通过别人拿结果。你除了教他们技能以外，还有一个很重要的任务，就是要激发他们，让他们愿意去学习，愿意去承担更多的责任，愿意对自己提一些更高的要求。当他们遇到难题、遭遇瓶颈时，你知道怎样去推动他们。这些都属于沟通能力。

我在讲管理者的角色时说过，影响一位员工拿结果的因素，一个是他的能力，另一个是他的态度。能力不够，你可以对他进行辅导、培训，这是在考验你的专业能力。态度不好呢？就要看你激励人、说服人的能力了。换言之，就是在考验你的沟通能力。

做到了主管的位置，如果不善于沟通、不喜欢沟通，通常是不能胜任工作的。也许有人会说，“不会啊，我就不喜欢管人，但我团队的业绩也很不错”。那你就要看看你们团队的大部分结果是不是你自己拿的，是不是你一个人就干了团队 80% 的事情。也许这种结果暂时还不错，但是你不锻炼队伍，不激发团队成员的潜力，靠你一个人又能走多远呢？

图中的最后一项是概念技能，我们看到初级管理者这部分的占比较小，但仍然是需要具备的。反映在工作中，它指的是什么呢？

如果你是销售主管，你可能需要把说开场白的能力、解决客户异议的能力梳理成一个个知识点，形成方法论，分享给你的员工。这时候的概念技能要求对你这个初级管理者来说比较简单，能帮你的员工解决日常工作中的常见问题就可以了。

那么当你成为中级管理者后呢？大家看这三种技能的比例有什么变化？除了技术技能比例减小，是不是人际技能和概念技能的比例都增加了？

卡茨理论告诉我们，越往上面走，对你的沟通水平、全局意识和抽象思维能力的要求就越高。

因为你现在是总监级别了，无论你是销售总监、人事总监还是客服总监，一般来讲你管的都不是“单兵种”，而是“多兵种”。

比如说，你是技术总监，你下面不只有技术开发团队，还有产品团队，也可能有信息化方面的数据团队。基本上升到公司总监这一位置的，都要管理几个不同岗位的团队。

你想想看，你不可能在所有的岗位都干过，你可能会写代码，但你没做过测试、没做过产品经理，你还想靠技术去树立权威、辅导员工，是不是不太现实？

你会因为员工的某项能力超过你而产生危机感吗？完全没必要，因为这时你要跟他们比的不是专业能力而是领导力。

领导力怎么体现？如果你想让这个团队的整体能力提高，那你就要激发每个员工的潜力，让他们的优势得以发挥，能力得到互补，用好能人，复制优秀，让你的团队整体变强。

要做到这些，你应该怎么努力呢？你的人际技能和概念技能要比初级管理者更上一个台阶。

人际技能无须赘述。概念技能方面，你作为技术总监，应该明确产品的需求，从设计到开发再到测试，你要把整个业务流程梳理出来，并且把部门之间对接的流程也理顺、理清晰。最重要的是，从业务流程到资源整合，再到优化人员配置，你都要认真进行归纳，最后提炼出一套可供将来参考的方法论。这才是你这个级别的管理者能服众的资本。

那么高级管理者呢？我们看到，技术技能部分进一步缩小，而占比最大的是概念技能，也就是说对抽象化思维能力的要求提高了。

哪些人算是高层呢？一家公司的负责人或者一个事业部的负责人，比如整个公司的首席财务官、事业部总经理……这些管理者的工作已经达到了公司的战略层面，他们都有把战略转变为战术的能力。

如果你已经是公司的一把手，你要为公司定战略，建绩效机制、职级体系、文化机制……已经不是一个面的问题，而是一个整体的问题，这就需要你有整体性的战略思考能力和足够的抽象思维能力。这是对管理者最高级别的要求。

关于概念技能，我通过打比方来进行总结。对一线员工来讲，概念技能就是一个“点”的能力；作为基层主管，它是简单的一条“线”；但对中级管理者来讲，它是更多更长的“线”，而且还要有连成“面”的能力；而到了高级管理者这里，它不只有“面”的部分，还要有构成一个“体”的能力。

以上我从三个技能的角度给大家分析了不同层级的管理者所应具备的技能，大家也都看到了，不管你属于哪个层级，中间的人际技能的占比都是很大的，这也正说明了这一章的内容是很重要的。

沟通的基础要素

明白了沟通的重要性，还不能说我们完全做好了思想建设，我们还需要在三个方面对自己提出要求。

第一，沟通时要有好心态。

为什么这么说呢？我们从小就爱听《三国演义》的故事，对“桃园三结义”“三顾茅庐”之类的情节耳熟能详。如果问大家最喜欢里面哪个角色，可能有人喜欢能掐会算的诸葛亮，有人喜欢义薄云天的关羽，有人喜欢骁勇善战的张飞。的确，这些都是世不二出的人才。那计谋比不过诸葛亮、打仗不如关张的刘备，是凭什么把这些人才笼络在身边的呢？他的魅力来自哪里呢？

来自他的心态，他信奉性本善，敢于用这些能人、强人。

“关羽能力太强，以后会不会篡了我的位子？张飞野蛮粗鲁，不听我的话怎么办？诸葛亮这人最可怕，把我‘卖’了我都不知道……”如果他一天天这样想，把每个人都预设为坏人，那就注定难成功业。

沟通的前提是你要相信人性本善，当你对人总是怀着一种提防的心理时，你会发现别人也会远离你。

第二，沟通时要真诚。

在三顾茅庐时刘备是真诚的，他谦逊执着、礼贤下士；在和关、张结拜时他也是真诚的，他感念二人的赤胆忠心。而这些人也感受到了他的真诚，在一次次谈理想、诉未来的过程中感受到了他的人格魅力，最终成为他战队里的中流砥柱。

所以，我一直强调真诚是一种力量，在很多场合，真诚都是强大的必杀技。

第三，沟通时要主动。

你不能说，“不用急，他们有事情时会来找我的”——这种态度就已经表明你对他们缺乏真诚的关心。主动去留意别人的状态，去关注他们的需求，这一点非常重要，我在后面会重点讲，这里就不展开了。

沟通的三个环节

说了半天沟通，怎样定义沟通呢？

我认为，沟通是人与人之间、人与群体之间思想与感情的传递和反馈的过程，以求思想达成一致。

简而言之，沟通就是彼此意见的交流，那么它自然就会包括这三个环节：表达、聆听和反馈。什么叫有效的沟通呢？就是艺术性的表达、富有同理心的聆听和及时有效的反馈。

沟通总是双向的，我把我想要说的话说给你听，这就是表达。

那么你是带着偏见在听，还是理智客观地在听？你的聆听也很重要。你听完之后，会把你的意见说给我听，这就是反馈。

所以，在整个沟通过程中，两个人不断地发送信息、接收信息，这是一个交互的过程，两者的表达能力和聆听能力都会影响沟通的效果。

艺术性的表达

沟通的第一个环节是表达。

说到表达，你会联想到哪些词？口若悬河、伶牙俐齿、滔滔不绝……总之，我们都会觉得表达能力强的人口才一定很好。

但是你知道吗，心理学家早在很多年前就通过大量研究得出一个结论：人们在进行表达时，语言文字表达的信息只占 7%，语气语调占 38%，而信息表达占比最大的是外在的肢体语言，高达 55%。

也就是说，你的表情、你的眼神、你的站姿，包括你不经意间的一个手势，竟占了信息表达的55%。

中国有句老话，叫眼见为实，就是说人们通常会相信自己所看见的东西。由此可见，肢体语言在表达中的重要性不言而喻。

肢体语言

肢体语言常常是和语气语调相关联的。比如说，你今天因为陪家人去医院，上班迟到了半小时。匆匆赶到办公室，只见主管双臂交叉放在胸前，上身后仰，歪头打量着你，说：“今天迟到了，怎么回事？”此时你是什么感觉？如果他一看到你就迎上来，拍拍你的肩膀，略皱着眉问：“今天迟到了，怎么回事？”你又是什么感觉？

同样带着责备，说着同样的话，前者是质问，后者夹杂着关心，你一定感受到了吧？你更愿意跟哪样的主管交流呢？

那么换位思考一下，你现在是管理者的身份，在跟员工交流时，就要格外注意自己的肢体语言。

接下来我就给大家介绍一些最基本的肢体语言。

我在线下授课时，有时会让同学们进行一些一对一的谈话练习，我就发现他们都会习惯性地选择面对面而坐。

这种场景大家都很熟吧？在办公室中，主管一般会有一张自己的大桌子，员工进来的时候，主管坐在椅子上，员工坐在对面。

面对面而坐会给对方什么感受？有时就会给人一种压迫感。我们在面试的时候会让应聘者坐在对面，法官审问犯人的时候也面对面而坐，这样会让对方感受到压力。

人的心理感受是非常微妙的，我之所以会建议管理者看一些心理学的书，就是因为带团队的时候，稍不注意就会在细微之处给别人以不好的心理暗示。

所以，我要讲的第一种肢体语言就是沟通时尽量选择与对方保持 45 度角侧身而坐。这样一方面你能够看清他的表情，另一方面可以让对方尽量放松。注意千万不要跷二郎腿，可以保持身体略微前倾，显示你对交谈很感兴趣。

在对方说话的时候，你可以一边看着对方一边点头示意。我发现有些主管在跟别人说话的时候眼睛是不看对方的，视线一直下垂，看着自己手上的笔或本子。如果对方很认真地在听你说，但是接收不到你眼睛里的信息，就会感到不被重视。

这时，你的视线最好落在对方额头到鼻子这片区域，不要紧盯着他的眼睛或嘴巴，否则会让人有压迫感。

再说面部表情，没有什么比微笑更能让人愉悦的了，但从头笑到尾也怪吓人的，你的表情一定要放松、自然。适时地点头给他一些回应，偶尔也可以看看别处，眼神不要乱飘就好。

说到表情，我想延伸一下。我们现在主要的社交平台就是微信，大家越来越习惯在微信上交流，连电话都很少打了。甚至见了面大家也各自在看手机，用手机跟距离远的人聊天，反而忽略了坐在身边的人，在饭店、咖啡厅中，这样的场景比比皆是。

不可否认，微信给我们的生活带来很多便利，让我们随时随地都能与他人取得联系，但这种联系是不是沟通呢？

显然不全是，所以微信才设计了那么多表情包，来弥补文字表达中肢体语言的欠缺。

我在做咨询时碰到过一个老板，他用微信发信息时喜欢用感叹号，就是每句话都要加一个感叹号。

他平时就是一个很严厉、很喜欢批评人的老板，那么员工每次看到他的留言会有什么感觉？他像不像部队里的长官在给士兵下命令？而且在这种单向的表达中，他看不到大家的反馈，也就始终意识不到他带给大家的压力很大。

所以，用微信交流是很便利，但也不要过于依赖它。

当你在微信上跟对方沟通某件事情时，说第一遍他不认可，说第二遍他还有疑问，那么你可以放下手机，直接走到他身边去当面沟通。在微信上，对同一个问题的阐述不要超过两遍，没有达成共识的就马上去当面沟通，这样不容易产生误会，效率也更高。

不贴标签

随意给人贴标签是个很不好的习惯，它会让你对人和事失去客观判断能力，形成刻板印象，给你的沟通增加了人为的障碍。

举个例子，你有个员工，平日里你就嫌他懒、嫌他整天吊儿郎当的，如果今天他的周报又没有交，你立马就说："你看你这个人，今天没交周报，上个星期的事情也没做，真是太懒了。"

"懒"就是你给他贴的标签，你没有经过任何核实和沟通，就推理出他没交周报是因为懒。

那么，事实真的是这样子吗？也不一定。你只有了解过才有资格做判断，说不定他今天真的是因为其他的事情耽搁了，只是没来得及和你打招呼而已。

又如，当你准备搞一次团建——开趣味运动会之类的，想先在团队里征集一下想法的时候，他说："这种形式太土了吧？我保证团队里的'00后'和'90后'都不会喜欢。"

如果你对他没有任何偏见，也许就很坦荡地接受他的意见，然后引导大家去想出更好的主意。但是如果你心里早已给他贴了"懒"的标签，即使他本来可能想很积极地参与讨论，你心底的那个火球也会噌的一下冒上来："这个人又开始消极怠工了，又开始给我找不痛快了，根本就没把我这个主管放在眼里，可恶！"

你看，你只要给他贴了标签，尤其是负面的标签，就有了刻板印象，哪些是事实，哪些是你的推理，你已经很难去进行理性的判断了。这对一个管理者来说是不是很危险？

增强说服力的七种方法

沟通的目的大多是求同存异、达成共识，你怎样做才能让自己的说服力更强呢？

我在前面提到了，有效沟通的基础之一就是要关注对方的需求。了解了对方的需求，你才能知道从哪个点切入更有利于增强说服力。这是一个很大的话题，我从七个方面来说。

第一，投其所好。

投其所好，本质上就是站在对方的角度去考虑问题。

比如说，你想让老板来参加你的部门总结大会，需要占用他两小时的时间。

当你去向老板申请时，你是不是有一点心虚？公司很大，部门很多，又正值年底，老板连自己的事情都忙不过来，会愿意为你这一个部门抽出两小时吗？

当你这么想的时候，说明你是站在自己的角度，把请老板来参会当成一件你求着他做的事。角度没找对，你在气势上就先输了半截。

那好，我们换位思考：他是老板，他最关注什么？关注业绩、营收，他希望看到经营成果，看到员工给公司赚钱，为公司贡献更好的业绩。

这种情况下，怎么投其所好？我觉得可以跟他做一些价值的交换。

比如，你去跟他说：“老板，你这个月给我们定的目标是100万元，按照我们之前的数据，我们大概能够做到70万元，我们是会全力以赴去完成100万元的，甚至还想超过100万元。

“我跟我的团队都策划过了，我们准备开一场很重要的动员大会。如果动员成功了，我们完成100万元的信心会翻倍，甚至超过100万元的概率也会大大提升，对其他团队也是很好的激励，这样我们整个公司的业绩就可以实现你年初的预期了——整体业绩提升30%，多好啊。

“老板啊，现在我只需要你支持我一件事情，就是你能够亲自到我的大会上给大家打打气。只要你来，这个大会就成功80%了。你看怎么样？”

明白了吗？你跟老板讲话，要搭准他的脉。

他对业绩最关心，你就给他说具体的数字。你要给他信心，让他知道他来参会公司会得到什么。老板的时间永远是有限的，你得让他知道他这两小时将会花得多么有价值。

请记住，作为管理者，无论是跟老板还是员工互动，都要建立在交换价值的基础上。你想让别人为你做什么，一定要告诉他你能够给他们带来什么。这一招很管用。

当然你不要去做空口承诺，也不要含糊其词，不要对老板说什么“我们的信心会大增，我们的士气会更好”，他会觉得你说这些漂亮话就是为了让他过去。

再讲一个对员工投其所好的例子。

如果你想让团队里的明星员工小张给大家做一次分享，你打算怎么跟他说?

他平日里话不多，业绩很好，但从来没做过分享。你知道他一定有些独特的方法，你打算让他梳理出来，做一次分享，希望其他人能够学到他的 80%。

如果他是个很有主见、很有想法的人，你直接让他分享，他未必理你，他完全可以找个借口推托，或者随便敷衍一下。

所以，按照换位思考、投其所好的指导方法，这时候你要去挖掘他的需求。

如果他想升职，你就跟他说："做主管首先要具备总结、分享的能力，不然你就算当了主管，怎么培训人才、复制人才呢？所以，一定要在做员工阶段就抓住机会锻炼自己，提升你的分享能力，这对你以后带团队有很大帮助。"

如果他希望被认可，得到大家的尊敬，你就可以这么说："哎，如果你能够把你这些专业的方法分享出来，我相信大家对你专业上的认可度会大大地提升，一定会觉得你很了不起。"先跟他讲个人的好处，然后再升华："嗯，我们公司的文化是重视传承，你把你宝贵的经验传承下去，对公司的发展也非常有帮助。"让他觉得做这件事情很有意义。

如果你发现他就是很简单地想要赚钱，那你可以跟他讲："小张啊，你这个月做得这么好，我想问一下，你想不想以后把业绩做得更好，赚更多的钱？"他心里肯定会说："当然想啊，谁不想？"然后你说："我发现你业绩不太稳，上个月不是很好，你有没有想过是什么原因？"你慢慢地引导他，直到他自己把经验总结出来。

这时，你就可以对他循循善诱："你看你过去没有及时做总结，有些偶然间用到的很好的方法也没有得到你的重视，所以你的业绩时好时坏。你刚刚的总结就做得很好，如果你能让这些好方法沉淀下来，持续去用，你的业绩就会稳定提升。”

你还可以对他现身说法：“以我过去的经验，当我去做分享时，我往往能发现更多的问题。‘教就是最好的学’，这句话真的没错，根据他人的反馈不断优化你的方法，你的业绩一定会越来越好的。”

投其所好就是要换位思考。你如果站在自己的角度，就会对他说，“我需要你来分享一下，我需要你去带动一下，公司需要你做啥，团队需要你做啥”，这样是不行的。这些是你需要的，不是他需要的，你这样得不到他的认真回应。

第二，巧妙地“投其所恶”。

比如说，你家那位老是上完厕所不盖马桶盖，这个习惯不太好，容易传播细菌。你希望他彻底改掉这个坏习惯，你会怎么说呢？

在实际生活中，大部分人此时的反应都会带一些情绪，因为他已经养成坏习惯了，你肯定也说过不止一两次了，但他总也改不掉。为什么你的话这么没有说服力呢？因为你没有用对方法。

那应该怎么做呢？首先，吵架、唠叨都是不可取的，它们除了能让你发泄情绪，对解决问题毫无帮助。很多家庭大战都是由这些鸡毛蒜皮的小事引发的。

这时，你最需要做的是换位思考，你可以想想他最怕什么、最厌恶什么。

比如我老公比较信奉风水。我就对他说：“听说不盖马桶盖风水会不好，运气会流走。”他听后马上转身把盖子盖上了，后来再也没犯过这毛病。

我们公司曾有个员工每次开会都迟到，总要让大家等他两三分钟，虽然时间不多，但影响很不好，这是对规则、纪律的无视。

我说过他几次，他总是虚心认错，下次还犯。我就按照“投其所恶”的办法，找到他的“恶点”，他比较小气，很在乎钱，我就说：“谁再迟到就请大家喝下午茶。”结果如大家所愿，他再也不迟到了。

第三，尽量给对方选择的空间。

当你宣布一件不太好或者别人不愿做的事情时，没选择不如有选择好。

比如说，快下班时，你宣布下班以后开一场碰头会，大家已经忙碌了一天，现在又要加班，心里肯定会有点抵触。但如果你说“咱们下班以后开个碰头会，你们来说一下要烤肉饭还是猪排饭，我现在就让人去订饭”，会不会好一些？虽然还是会有些抱怨，但好歹饭是自己选的，员工应该略感安慰了吧？

再比如，你周末想组织一次团建，让大家做选择。

你如果直接说，“我们周六去打 CS 做团建吧”，很多人会抱怨“又来占用我们的休息时间”，心里一百个不乐意。

如果你问大家，“这周六是继续加班 3 个小时还是去打 CS 做团建”，大家肯定选后者。

现在很多团队里都有不少“90 后”“00 后”，这一批人自我意识很强，特别喜欢自己做选择，不喜欢被指派做事情。所以，要讲究方法，尽量给他们提供选择的机会，以增强你的说服力。

第四，给予认可。

没有人不希望被认可。一个人做某件事被认可后，他会更愿意去做这类事。

生活中有特别多这样的例子。

比如带小孩过马路，在车水马龙的十字路口，父母想拉住孩子的手，但有的男孩子就是不听话，他会觉得“我是男子汉，我自己可以过马路”。而爸爸妈妈直接把孩子的手拽过来，强制“执行”，这样大人生气，孩子也不高兴。

有没有更好的方法呢？当然有，方法有很多种，我在这里讲一种认可他的方法。你让他拉着你的手，你可以说：“嗯，车这么多，妈妈有点害怕，你能拉着妈妈的手吗？”他一定很高兴地拉着你走。

如果你在家里，经常这样认可你的爱人、你的孩子，你会发现越来越多的事情都不用你自己去做了，他们会做得很好，你也不用自怨自艾地说自己像个保姆了。

在公司也是，你对他人的认可也会让他们更认可你，你的人际关系就会变得更和谐。相信很多人对此都深有体会吧。

第五，非你不可。

比如说，你想叫大家这个周末一起去喝酒，做一次团建。有员工不想参加，就借口说他周末有事，去不了。这个时候你怎么办？

你可以用“非你不可”来增强说服力。你说：“啊？你不去怎么行！谁不去你都得去，没有你气氛搞不起来，所以，你必须得去，你是唯一必须要去的人。”就这样，说几句玩笑话他就该应承下来了。

又如，你想授权员工去做一件事情，他却直截了当地跟你说：“老板，我不想接手这件事儿。”你怎么办？

你试试用“非你莫属”“非你不可”来增强说服力。你可以说：“这件事团队里只有你能干成，其他成员我都分析过，都不会做得很好，只有你能够让结果完美呈现，我对你抱了很大的期望呢。”你都这样说了，他还能拒绝吗？

当你真的想让别人去做事时，一定要激发他的善意，而不是激发他的恶意。

比如前面这个例子中，听到他拒绝去做这件事，你不能说：“你怎么做事情总是挑肥拣瘦呢？你怎么老是跟我讲条件呢？你怎么又开始任性了？做职员哪能这样没有执行力呢？”

这些用词全是负面的，就是在激发人的恶意，年轻一代肯定不吃这一套。

第六，团队化。

举个例子，你觉得老公太胖了，对身体不好，你想让他多运动运动。你说了几次他都当耳旁风，谁不知道运动能使身体健康，但是他怕累啊。

这时候你可以考虑用团队化的办法。什么意思呢？你可以说：“我想夜跑，但我一个人跑有点害怕，你能不能陪我一起跑？”

你把“你”变成了“我们”，他不再是一个人面对困难，依从性就提高了很多。

当你用“你”“我”来指代的时候，你与对方是有距离的，而用“我们”这个团队化的表达方式，就拉近了彼此的距离，你的建议也就更容易被人接受了。

第七，多说谢谢。

当你请求别人去做一件事情，或者你让他带着你去做一件事情的时候，怎样可以增强你的说服力？就是要多说谢谢，而且这个谢谢一定要在对方答应之前就说。

比如说："小新，麻烦你帮我倒杯水，谢谢。"你看，他都还没有说要不要倒呢，你就先跟他说"谢谢"。

又比如："小新，这张统计表麻烦你帮我做一下，只剩下最后一页了，谢谢。"

就这样，要养成说"谢谢"的习惯。

你知道吗，有统计表明，我们平均每天有 31 次请求别人的机会，就是说你每天可能要说 31 次"谢谢"。如果你经常把说"谢谢"放在对方答应你的请求之前，你被拒绝的概率会大大降低。

以上，我提供了增强说服力的七种方法，了解对方的需求，利用好这些方法，会让你的沟通更加顺利。

情绪管理 ABC 理论

接下来我要讨论的这个话题很重要，是关于自我情绪管理的。

我在前面讲了那么多方法，有人会说，我都听懂了，我也知道该怎么做，但是一遇到事，情绪一上来，就什么方法都派不上用场了。就像有句话说的，"大道理我都懂，可还是过不好这一生"，这也的确是个困扰很多人的问题。

作为管理者，你没有太多的选择，情绪管理是你的必修课。很难想象一个情绪经常失控的人能带好团队，能经营好公司。

先用理论来武装自己吧。我给大家介绍一下美国心理学家埃利斯创建的“情绪管理 ABC 理论”。

A（Activating event）：事件；

B（Belief）：信念；

C（Consequence）：结果。

这是一个很著名的心理学理论，它的基本观点是，人的情绪不是由某一事件本身所引起的，而是由当事人对这一事件的解释和评价所引起的。也就是说，事件（A）只是一个诱发因素，你对它的解读（B）决定了你的情绪或行为（C）。当你明白了这个道理以后，你再反省自己的行为，很多问题就有了答案。

给大家举个例子，你今天带孩子在草地上放风筝，中途风筝掉落了下来，你刚想跑过去捡，对面过来一个孩子，一脚踏了上去。你面对此景心里会怎么想?

你肯定会生气。你生气是因为他太没礼貌、太莽撞了。你甚至怀疑他是在故意挑衅你，想看你会不会发火。你在走过去的时候是不是心里已经想好了要教训他的话?

当你跟他面对面时，意外发现那是一个盲人，这时你的心里又会怎么想呢?愧疚、同情，还有抱歉?

你看，你的情绪前后差异这么大，这说明了什么?

说明很多时候引起我们情绪爆发的不是事情本身，甚至不是事情的真相，而是我们对它的推理，是我们的主观臆断。

再举个例子，我的一个同事下班后背着电脑包准备乘地铁回家，上了一天的班，他非常疲劳。

到地铁上的时候，他觉得终于可以撇开工作，闭上眼睛休息一会儿，放空一下自己了。这个时候他是多么需要一个安静的环境啊。

可到了下一站，一个爸爸带着两个小孩上来了，整个车厢顿时就失去了安静。

小孩子跑来跑去，哇哇大叫，那个爸爸视而不见，就坐在那里发呆，好像那不是他的孩子。乘客都很不满，厌恶地看着孩子爸爸，也许都在腹诽，“果然每个‘熊孩子’都有个‘熊家长’，太没有教养了”。

我的同事终于忍无可忍，他走到那个爸爸面前，说：“这位先生，我想问一下这两个孩子是你的吗？”那个爸爸愣愣地看着他，说：“噢，是的，是我的孩子。”

我的同事说：“车厢是公众场合，你能不能管管你的孩子，这样跑来跑去、哇哇大叫真的很吵，会影响大家的。”

直到这时，那个爸爸好像才恍然醒悟过来，他连声说：“哦哦，不好意思，看来我真的是要管一管他们了。”他看上去有些手足无措，“可能他们现在的状态跟我一样吧。我们刚刚从医院出来，他们的妈妈生重病了，他们可能跟我一样不知道该怎么办吧。”

请问，我的同事、车厢里的其他乘客这时候是什么心情？

他们会想，这一家人真可怜。小孩这么小，妈妈突然生重病了，难以想象他们在经历着怎样的痛苦。和这些相比，刚才的吵闹算得了什么？大家由厌烦变成理解，又变成同情，很想对这个爸爸说几句暖心的话。

生活中这样的事例很多，我们往往在不了解真相的情况下，把自己的解读、推理当作事实，自己生一肚子气，还会把满满的负面情绪散发出去，影响到身边的人。

是什么原因导致我们的解读出现这么大的偏差，从而让我们的人际关系处处面临考验呢？

还记得我在前面提到过的沟通的三个基础要素吗？第一个就是要有好的心态。

你的心态首先体现在你的处世原则上，你信奉人性本善，你遇到的好人就多，你的心态自然就会好。

你若是这样的人，当你看到这个爸爸放任孩子吵闹时，你的第一反应不是生气，也不是抱怨自己遇到了一个“熊家长”，而是会想，爸爸不管不问应该事出有因吧，孩子是不是得了多动症？这个爸爸是不是也很无奈？你抱着同情的心理去提醒他，这样在得知真相后，你至少会没那么内疚。

保持这种心态对管理者来说非常重要。

比如，你的员工小红一直以来考勤都很好，但是这个星期迟到了 3 次，每次都是半个多小时，不请假，也不跟你打招呼说明原因，这时你的反应会是怎样的？

按照情绪管理 ABC 理论，我们来看看，通过转换你的信念模式，也就是通过你对小红迟到这件事采用不同的解读方式，会引发你什么样的情绪反应，会对你和小红的关系产生哪些不一样的影响。

当小红一再迟到却连招呼都不跟你打时，你首先想到的是她没把你放在眼里，她在挑战你这个主管的权威，你沿着这条思路想下去，会越想越气——“她把这个公司当什么了？她有没有职业素养？

这样下去我怎么去管别人？我不能让她再这样继续下去了”。

于是，你带着这种人性本恶的信念去跟她沟通，可想而知会是什么结果。你的询问变成了质问，她感受不到你的真诚，自然也不会跟你交心，最多敷衍地来一句，“知道了，我以后不会了”。迟到的真正原因，你永远也搞不清了。也许她暂时不会迟到了，但你也失去了一次增加员工向心力的机会。

那么，换成基于人性本善的信念模式会怎么样呢？你会想，“小红一直表现很好，她不是无缘无故迟到的人啊，是不是最近家里出了什么状况？我要去了解一下”。你带着这样的心态去问她，你的语气、眼神都会不一样，她一定能感受到你的关心。也许是她把家搬远了，那她以后自然会更早一点出门；也许她最近睡得晚早上起不来，那她会有些内疚，觉得你这么关心她，也没批评她，她以后不能这样了。

通过这个例子，我们可以看到，管理者的信念模式会直接影响管理水平，毕竟在三大技能中，人际技能所占的比例是非常大的。

也就是说，无论是面对工作还是生活，如果我们都能抱着人性本善的心态去理解他人，稳定自己的情绪，再以理性的状态去找对方沟通，去处理事情，我们的人际关系就会很和谐。

富有同理心的聆听

每次讲到聆听的时候，我都要感慨我们老祖宗造字的智慧。

“听”字的繁体写作“聽”，左边是“耳、王”，右边是“十、目、一、心”，就是说听不光用耳朵，还要一心一意，用眼睛给予对方很多关注。

这对管理者是不是也很有启发？要想有领导能力，就要用心去听，要带着同理心去听。

同理心就是感同身受

沟通总是双向的，是意见和感情交换的过程，要有表达，也要有聆听和反馈。

一个总想着表达自己、不善于聆听的人，常常会以自我为中心，很难或不愿去了解别人，这样的人很难做好管理工作。不去了解别人的需求、别人的感受，怎么能有人格魅力、做好激励工作呢？

同理心说白了就是将心比心，是站在对方的角度设身处地地去理解、感受。我们在生活中被别人这样对待的时候，内心都是温暖而感动的。

有一次，我在日本煮鸡蛋的时候不小心把手烫伤了，也不是太严重，就想到医院开点处方药消消炎。一个医生让我坐下来，耐心听我讲完之后，对翻译说："皮肤这么红，她一定很痛很痛。"当时他那种感同身受的表情，让我一下子就觉得手好像也没那么痛了。这件事给我留下了很深的印象。

我们喜欢被别人这样对待，但有时自己却很难做到。

比如，孩子回家跟你说："有人偷了我的新铅笔，是我最喜欢的铅笔！"

这是他在表达生气的情绪，而你是个聆听者，通常你的回应是怎样的呢？

你会说："是不是你自己弄丢的？你总是这样，不是第一次了吧？跟你说了多少遍，东西用完要放在桌洞里面，你就是不听……"

孩子申辩："我去洗手间的时候它还在课桌上呢，肯定是被人偷了。"

这时你想赶紧结束话题，就说："别烦我啦，你再去找找，说不定被你放在哪儿了呢，实在找不到明天我再给你买一支吧。"

这样的对话场景你是不是很熟悉？

你发现没有，很多时候我们的关注点不在聆听上，总想着去解决问题，这就是沟通的最大障碍。

孩子现在最需要的是去买一支新铅笔吗？不是，他是在发泄情绪，希望你能感知到他的气愤和委屈。他那么喜欢的新铅笔，自己都没舍得用，却被别人拿走了。

这时候你跟他分析笔为什么会丢，以后怎么做笔不会再丢，虽然你说的话都对，但都不是他需要的。他需要的是有人理解他的情绪，能跟他共情。那么，你该怎么做呢？

当他说自己的铅笔丢了的时候，你可以表现出惊讶，说：“啊，是你最喜欢的那支吗？天哪，你也没想到吧？你一定急坏了 。”

在他絮絮叨叨的过程中，你需要认真聆听，并管理好你的表情、你的肢体语言，跟他的情绪保持“同频”。他在情绪被认可后，很快就会平复下来，这时你再跟他讨论以后该怎么做，他也许自己就悟到了，会说：“我记住了，以后用完就要收好。”

这是不是你希望看到的结果？

所以，在沟通时，解决问题不是当务之急，你首先要考虑的是如何去感受对方的情绪，认可对方的情绪。

我再举一个例子。

吉米说：“汽车司机对我大吼，车上的人都在笑话我。”

你觉得吉米的感受是什么，是尴尬吗？你为什么会得出这个结论？因为你把自己代入了，如果换成你，你一定很尴尬，这就是你的同理心。那么，你怎么向他表达你的同理心呢？

你应该说：“你一定很尴尬吧？”

没错，你一定要先认可他的情绪。你可以把他的感受说出来，也可以用一个语气词，或者用你的表情、你的肢体语言来告诉他，你能够感受到他的情绪，你的情绪跟他是“同频”的。

吉米说：“我真想打迈克一巴掌。”

你从他的表情、语气中能够感受到他当时是很生气的。这时你应该怎么做?

你可以说:“看得出你真的很生气。”

吉米会说:“是的。”

从心理学的角度来看,当对方连说几个“是的”的时候,他的情绪自然就会平复下来。

吉米说:“因为下了点小雨,主管就取消周末活动了,他真蠢。”

你一听便知道他很想参加这个活动,他不希望被取消。那你要怎么说?

你可以说:“那一定让你很扫兴吧?”

吉米会说:“是的,我把行李、零食什么的都准备好了,结果说取消就取消了。”

你说:“那确实让你挺失望的。”

吉米说:“是啊,真失望。”

这样的回应就很恰当,你认可了他失望的情绪。但你如果接着说“你的主管真是蠢极了,真不配做主管”,就是过度回应,这种做法不可取。

认可情绪不代表认可观点

很多时候,当有人向我们倾诉、抱怨时,我们往往并不了解事情的真相。为了促进沟通,我们要怀着同理心去聆听,去认可他的情绪,但不要轻率地认可他的观点。

比如说,你是个主管,有个小组长跑到你这儿来告状,说他手下的小李太“刺儿头”了，总是跟他唱反调。

这时候你该怎么回应？你要说：“难怪你看上去很疲惫。”你这是在回应他的情绪。

你接着问：“小李干什么了，惹你生这么大气？”当你问出这句话的时候，其实是在试图帮他解决问题。但在他情绪还没平复的时候，你的这句话也许会起到火上浇油的作用，他可能会夸大其词，很主观地把所有的问题和过错都归咎于小李，发出一连串的抱怨。

很多管理者，尤其是习惯于理性思维的管理者，面对情绪化的员工，第一反应就是，这人情绪怎么那么大呢？说那么多气话，能不能跟我说一点事实？实际上现在不是你了解事实的好时机，也不是你解决问题的好时机。

如果你对小组长说：“你对小李那么好，他还跟你唱反调，真是太不应该了。”你这是在回应他的情绪吗？不是，你这是在认可他的观点。

“小李是个刺儿头”是他的观点，但未必是事实，你还没有调查过，不能听信他的一面之词，尤其是他在情绪很大时说出的话。

你这时候可以做的就是倒一杯水，让他坐下来慢慢说，利用你的表情、你的肢体语言，向他表示你在认真聆听，再不时穿插一些“你一定很难受吧”“你很失望吧”这样有同理心的话语来平复他的情绪。

因此，一个好的管理者，一定是一个不失原则的聆听者。

案例分析

前面讲到的情绪管理 ABC 理论对我们的生活和工作都非常有指

导意义，下面我通过一个案例来讲解它的应用。

比如，你在公司一直挺受重用的，今天老板突然把你叫到他的办公室，发了一通火：“你怎么回事？这个方案你又不是第一次做了，怎么还是漏掉了一个关键点？你不是最能干的吗？你自己看看，这么明显的错误！你真的太让我失望了，我都怀疑我看错人了。”

突然遭受一番劈头盖脸的指责，你的第一反应是什么？

“他又在骂人，我做了那么多他都看不见，他总是对我不满意，对我挑三拣四。”

这是正常人的反应。但如果你学了情绪管理 ABC 理论，就能看出老板说这番话时，已经越过那件事，而是在指责你这个人了。而你的反应也是消极的，是以恶对恶，不利于沟通。

那你该怎么做呢？你需要先转换自己的信念模式。

这话说起来简单，可人又不是一道闸，想往哪边扳就往哪边扳，还是需要一定气量和格局的。

如果搞懂了情绪管理 ABC 理论，你就能用理智去平复自己的情绪。

你心想：“他总是挑我毛病，总是对我这么苛刻。”但如果你用一层“滤镜”去看，会发现，“哎，老板对我的要求一直比别人高，所以我提升得也很快。他说我的方案不完整，嗯，他可能给这个方案定的标准比较高，他觉得以我的能力完全可以做出更好的。”

这个“滤镜”让你读懂了老板行为背后的目的，他绝对不是为了骂你、打击你。**没有哪个老板会说，“我就是为了打击员工，就是要让他没有自信”。老板都希望他的员工有所成长，员工的能力**

越来越强，他的公司才会越来越好。

当你用这样的信念模式读懂了老板的需求，你就不再产生对抗的情绪，而是会通过你的态度、你的言辞告诉老板，你理解他为什么这么生气。这时你就是在认可他的情绪。

你可以说："不好意思，老板，我看得出这件事情让你很失望。"

老板听了后会说："是啊，我真没想到你会犯这种错。"

你看，老板的情绪渐渐平复了。

接着你可以说："确实是我太粗心了，你对我的期望那么高。"

接下来，你是不是就可以和他探讨方案了？

总之，先要让他"灭火"，然后再去处理事情。

如果说你的老板当时气到"爆炸"了，也就是濒临失控的那种咆哮的状态，你觉得自己的能量还没有强大到可以去平复他情绪的程度，那么你要马上说声"对不起，我确实错了，我这就回去修改"，然后尽快离开他的办公室，让他一个人慢慢平静下来。

给他留够发泄的时间，然后你在微信上再次向他承认自己的不足，对他说："这件事情让你很生气，我重新做了些修改，你什么时候有空，我想当面再跟你沟通一下。"

老板在情绪平复之后，看到你妥当地避免了矛盾升级，面对他的突然发难，你情绪稳定，能迅速认识到自己的问题，并提出了新的方案，他就会觉得你仍旧是个靠谱的人。

有句话叫"小不忍则乱大谋"，你千万不能说："老板，这个细节我当时跟你核对过的，我是按照你的方法做的。"否则就是火上浇油，即便是真的跟老板确认过，也不适合在这时候提出来。再说，从他目前的反应来看，应该是当初的沟通存在歧义，现在再去掰扯这些已经没有意义了。

你更不能“甩锅”给同事。如果你说“这一部分不是我负责的，是小李做的，我去找他，问问他到底怎么回事”，你觉得老板会怎么想？他肯定会想，“这么没担当，做错了还找借口”。成功的人一定会找方法，只有失败的人才会找借口。一旦他给你贴上这样负面的标签，你以后要做多少努力才能挽回来呢？太得不偿失了。

不管你把这件事情授权给谁去做，不管是谁把这件事情搞砸了，在老板看来，这件事情都是你接手的，你要为此负责。至于你跟那个同事怎么沟通，那是你跟他的事，不要在老板面前表述。

最糟糕的做法是，你感受到了委屈，就去找其他同事吐槽老板。在同事面前说自己老板的坏话，在团队里面传播负能量，是职场大忌。

这一点很好理解，你只要换位思考，就能想明白。如果你因为员工的工作做得不好训斥了他一次，他就到处跟其他人说你没情商、没修养，你会怎么想？“己所不欲，勿施于人”，你自己先不要成为这样的人。“身教胜于言传”，管理者必须要有这样的自觉。

我现在演示另一种场景，就是把角色反过来，你现在是上司，你给员工派任务。

我们知道，现在很多“90后”和“00后”表达想法时非常直接，他不会考虑你的感受，而会直截了当地拒绝，说“我不想，我不擅长做这件事，团队里有人擅长，你可以交给他去做”。

作为管理者，乍一听这话，你也许会火冒三丈，恨不得马上开掉他。但你要知道，你的团队里这样的群体将会渐渐成为主流，给你留面子的老员工会越来越少，你总不能把那些人都开掉吧？

所以，这时你千万不能任由情绪泛滥，你要问自己，是解决问题重要，还是教训他重要。

要解决问题，就先平复情绪。怎么做呢？

祭出我们的法宝——情绪管理 ABC 理论。转换信念模式，加上人性本善的“滤镜”，重新审视这个年轻人。

加上“滤镜”前，你心里会想：“他就是一个很自私的人，什么事情都只想到自己，不想着团队，还公然拒绝我，不给我台阶下。”

加上“滤镜”后，你心里会想：“他是不是对做好这件事没信心，怕影响团队业绩？是不是那个技能他没掌握，怕别人知道了嘲笑他？是不是我对他的期望太高了，给了他压力，他怕我失望？是不是他现在的工作已经很难应付，实在不能接受新任务了？”

你看，让你火冒三丈的是你的推理，但这不一定是事实；让你的情绪平复下来的也是你的推理，但是有了“滤镜”的加持，你的情绪是平稳的，他也不会继续跟你对立，这就为你后续的沟通打下了基础。

接下来，你只要按照前面说的增强说服力的方法去做，关注他的需求，投其所好，带着同理心聆听他的诉求，帮他消除后顾之忧，最后达成共识的可能性就会大大提升。

所以，应用好情绪管理 ABC 理论，把艺术性的表达和富有同理心的聆听有机结合在一起，你的沟通能力必定会有所提升，你的领导能力也会得到提升。

及时有效的反馈

沟通有三个环节——表达、聆听和反馈，这三者形成一个闭环，意见的表达、情感的交流就是在这个闭环里不断循环往复、不断深入，最后达成共识或实现水乳交融。这三个环节缺了哪一个沟通都无法继续下去。

所以，有效沟通离不开及时有效的反馈。反馈包括正面反馈和负面反馈。

正面反馈

正面反馈是什么？用一句话概括，就是肯定别人的行为。

比如说，他做了一件很好的事情，你如果什么都不说，就是0级反馈；你如果对他说，“你很优秀，我给你点赞”，就是1级反馈。

1级反馈比0级反馈要好，但还是空洞了一点，缺少一点真诚。

这时，如果你不但肯定他的行为，还告诉他，你通过他的什么行为发现他是个什么样的人，比如他是一个很有时间观念、很有责任感、很有担当的人，他的这些好品性为公司带来了什么样的利益，当你把这些正面的标签贴给他的时候，你就是在做 2 级反馈，行为、动机、结果都说全了。

显而易见，2 级反馈更能表达你的真诚、善意和激赏，也更容易塑造他的人格。

生活中有很多这样的例子。

比如说，你爱人为了孩子的学习，跟学校的几位任课老师在电话里沟通了数个小时，连脸都没顾得上洗，你该怎么表扬他？

按照 2 级反馈的标准，你要先说事实："为了孩子的学习，你忙前忙后联系老师，太辛苦了，我看在眼里，心里好感动。"

然后你要提到他的动机，你可以说："通过这件事，我能感受到你对家人的关爱。"

最后你要得出结论，你可以说："我发现你这人平时很少表达对孩子的爱，但在关键时刻是一个有责任感、有担当的人，我真是没爱错人。"

看到了吗？1 级反馈就是"你真是个好爸爸，你真有责任心"，相比之下，2 级反馈是不是更真诚？这样的话，爸爸受到了激励，以后会更关心孩子和家庭。

对管理者来说，对员工及时给予 2 级反馈更是有必要的。

比如，办公室要重新装修一下，你让小沈负责。

小沈为了找到一家靠谱的装修公司，到处托朋友找关系，上门考察、比价，最后不仅装修效果很好，还为公司节省了 13 万元。

这时候要不要表扬他？肯定要。如果你只是心里很高兴，想着年底给他好的考评，发一个红包，给他一个惊喜，但嘴上什么也没说，就是 0 级反馈。考评和红包不及时兑现，效果就差很多。

如果你说“小沈，你这件事情做得很棒”，那就叫 1 级反馈。

对于这两种反馈，小沈心里会怎么想？人人都有被认可、被尊重的需求，当一个人的努力得不到他想要的反馈时，积极性就不可能持久。

那 2 级反馈应该怎么做？先说事实：“小沈，你为公司装修的事情跑东跑西，到处托朋友找关系、比价，为公司省了 13 万元的费用。”

再说动机：“看得出来，你把公司的事情当作自己的事情一样对待，你为了给公司省钱，非常上心。”

最后得出你的结论：“从这件事情看得出来，小沈你真是一个很有责任感、很有主人翁意识的好员工，你办事真是让人放心，我很欣赏你。”

小沈听完你这番话，会怎么想？会不会觉得他的付出很值得？

2 级反馈可以塑造人的行为。你希望团队有凝聚力，就要夸小沈有主人翁意识；你希望团队节约成本，就要树立他会做预算、有成本意识的形象。从心理学角度分析，你往哪个方向定性，他就会往哪个方向对标，因为得到认可、获得尊重是人的自然反应。

我们常说“好孩子是夸出来的”，道理就在这里。

善于发现他人的优点，从事实、动机、结论三个方面对好的行为及时给予 2 级反馈，不光能进一步塑造对方的行为，还能体现你高超的领导能力。

负面反馈

过去有句老话叫“棍棒底下出孝子”，现在又一窝蜂地强调“鼓励式教育”，其实做任何事都应该讲究一个度。

鼓励是正向的拉动，日常生活中我们还是应该以鼓励为主，但适当的批评也必不可少。负面反馈用得好，也会对沟通起到积极的作用。怎样才能用好呢？我给大家介绍一个叫作“BICC”的原则。

BICC 是 Behavior、Impact、Consequence、Confidence 这四个英语词汇的缩写，这四个词汇分别指事实、影响、后果和信心。

我用一个简单的例子来说明一下。

比如，你的员工小健被客户投诉了，理由是他超出公司规定的 4 小时才给客户反馈，服务不及时。现在由你对他进行劝诫，你该怎么说呢？

首先要说出事实：“小健，我看到客户投诉你服务不及时，违反了公司的规定，超出 4 小时才给客户反馈。”——小健这时没什么话好说吧？毕竟这是事实（Behavior）。

接着你说：“你这样做会让客户认为我们的服务没有诚信。”——这是对公司的影响（Impact）。

“这样做不利于你提升自己的服务专业度。”——假设他希望自己的服务更加专业，那么你就可以这样说，这是对他个人产生的不利后果（Consequence）。

这个时候你沉默几秒，让对方有时间去审视一下自己的错误。

然后，你再说：“我想听一听你接下来计划怎么做才能避免这类事情再次发生。”

在你们对改进计划达成共识后，你一定不要忘记给他增加信心。你可以说："小健，其实你以前在客户服务方面一直都做得很好，我对你很有信心（Confidence）。"

这就是 BICC 原则，大家看明白了吧？

有些管理者一想到要给员工做负面反馈就有畏难情绪，觉得这是得罪人的事儿，怕对方会有敌对心理，以后就不好管了。**其实，只要掌握好方法，就会把做负面反馈变成一次帮助员工成长的机会，也是自己和员工建立信任的机会。**

比如，销售冠军小杜最近在工作中出现了重大疏漏，导致产品上线后客户不能正常使用，售后部门的维修成本陡然增加了两倍。这是非常严重的错误，要由你去跟他沟通。你该怎么办？

你看到的事实是什么？出现了重大疏漏。

那么影响是什么？导致产品上线以后不能正常使用，并且售后维修成本增加了两倍，这是对客户和公司的影响。

然后分析对他个人造成的不利后果。小杜是销售冠军，他应该很注重个人的名誉，他也许还希望自己以后能往管理方面发展。那么这次严重的错误一定对他的年终考核和个人发展很不利。

讲完这些你沉默几秒，让对方去审视自己的错误。然后你再说："我想听听你计划怎么做才能避免以后再次发生这类事。"

在他列出一些行动计划之后，你说："果然是我们的销售冠军，我相信这一次的错误不能代表你的能力，我对你仍然充满信心。"

我相信大家都会有这种感受，当我们犯了比较严重的错误时，总会忐忑不安，怕领导责骂、发火，更怕在公开场合被批评、羞辱。

如果这时我们的领导愿意平心静气地来跟我们摆事实、讲危害，最后还跟我们一起讨论补救、修正的方法，我们会抵触他的做法吗？不会，我们会感激他，也更愿意信任他。

在本章的最后，我想强调一点，对沟通的三个环节——艺术性的表达、富有同理心的聆听和及时有效的反馈，我讲了各种方法和技巧，但最重要的是，我们要用一颗爱心把它们串联起来。

电视剧《天道》播出后，里面有句台词很流行："有道无术，术尚可求也。"我们不妨借用一下，我们不能忘记初心，再好的技巧都敌不过内心的真诚。我们要学会将心比心、换位思考，用人性本善的滤镜去看待周围的人，这样才能实现有效的沟通。

第四章

定目标的关键是每个环节落地成功

对现代化公司来说，目标管理毫无疑问是公司管理中最重要的一环。经常有人问我：部门目标该怎么定？我给员工定了目标，怎么让他认可？他老觉得这是领导强塞给他的，定得太高了，所以就不用心去执行。那么该怎么去解决这个问题？这就是这一章要回答的问题。

目标管理三板斧是定目标、追过程、拿结果，从这个流程上就可以看出，如果团队不以结果为导向的话，就是无效管理。

下面我就从这三个方面来分析如何解决目标管理中出现的一些难点和痛点。

定目标

首先，我们要明白目标是怎么来的。我们说的目标，一定来自对公司战略目标的分解，就是说先有公司的战略目标，然后才有部门的目标，才有部门里的个人目标。

战略目标的制定和分解

有目标才会有方向、有压力。如何上下统一，发挥“力出一孔”的最大作用？按阿里巴巴的话来说，就是“平凡人做非凡事”。平凡的人想要做出非凡的事，那就一定要把平凡的力量聚集在一起，朝一个方向去努力，让平凡的人发挥出最大的作用。

当公司处于增长期的时候，它的战略目标是什么？我们以一个房地产集团为例，借助工具表（见表 4-1）来做一下分析。

表 4-1 战略目标分解表

目标	目标分解	KPI	集团		子公司								
			研发策划中心	项目营运中心	总经理	财务部	研发设计部	报建部	总工办	成本控制部	行政/人事部	营销服务部	项目部
业绩增长	增加利润	税前利润	√		√	√	√	√	√	√	√	√	√
	增加经营现金流	净现金流			√				√	√			√
提高销售收入	提高销售收入	新增房地产销售收入			√		√		√	√			√
		存量房地产销售收入			√								√
	提高完工量	完工量			√				√	√			
		项目进度计划完成率		√		√	√	√	√	√			
	产品定位准确、适销、利润高	研发计划达成率	√				√						
控制开发成本	严格控制项目开发成本	目标成本控制率		√	√				√	√			
严格控制费用	控制销售费用	费用预算控制率				√		√	√	√	√	√	√
	控制管理费用				√	√							√
加快资金周转	减少存量资产	商铺/楼盘销售率		√	√	√						√	
	快速回款	回款率		√	√	√						√	√
员工培养		员工培养完成率	√	√	√	√	√	√	√	√	√	√	√

目标一般包括：业绩增长、提高销售收入、控制开发成本、严格控制费用、加快资金周转和员工培养。其中业绩增长体现在两个方面，一是增加利润，二是增加经营现金流。

战略目标有了，那么接下来目标怎么分解，由哪些部门来承担呢？先说税前利润。（1）集团的研发策划中心要把这个目标拿回去分解。（2）子公司的总经理要把它作为子公司的税前利润目标再往下分解。（3）财务部也要去考核这个目标。（4）产品投入市场是要看利润的，因此研发设计部要把这个目标拿回去分解。（5）报建部、总工办、成本控制部也要考核利润。（6）行政部对公司的利润贡献包括控制房租和各种行政物资的采购成本，比如办公电脑的采购成本等；人事部也有人力成本，包括人员的工资、猎头费用、招聘费用……这些跟利润相关，也要拿回去分解。（7）营销服务部以及各个项目部的营销团队都是与这个利润目标相关的部门，都要对目标做分解。

再来看看净现金流，总经理和这个目标相关，他要在这一项上打钩，总工办、成本控制部和项目部也跟净现金流有关，各自的负责人就都在上面打钩。

按照同样的逻辑，其他项目的目标也都由各相关部门负责人打钩“认领”回去。

那么，现在做这么一张战略目标分解表的意义就明确了。是不是公司有了明确的目标，各个部门的目标也很明确了？虽然大家的具体目标不同，但方向一致，大目标相同。全局统一、全局考虑，把你的、我的变成我们的，这就是战略目标分解表的意义。

可能你会说，我们现在不是一个集团，只是普通的公司。那么普通公司也要有战略目标吧？你可以按照前面的表做一张表，之后把每个部门的负责人都喊过来，让他们看看这些目标中哪一个是与自己相关的，然后打钩。让大家一起看，一起分析这张表有什么不合理的地方。这时候你不需要讲，让大家自己看自己讲，这就叫共创一张表。

在共创这张表的时候，如果你想让这个共识更完美一点，还可以再往前推一步。

大的战略目标一般是老板提出来的。但我们都知道，人和动物的区别之一是人会思考，会有很多想法和态度。老板提出来的目标，大家心里面不一定完全认可，但又必须去达成共识，这就难免存在一些缺憾。如何改进呢？我觉得大家可以借鉴一下阿里巴巴的老板的做法。

在阿里巴巴创立早期，老板讲战略目标的时候，通常会把他看到的国外一些同行做的事情——就是他用“望远镜”看到的一些现象、数据——都分享出来。接着就会抛给所有高层管理者一个问题：你们看到的现象是什么样子的？

其实可以从三个方面讲：第一看用户，第二看同行，第三看自己。

看用户和同行，其实就是看市场。看自己，就是看自己的优势是什么、劣势是什么。大家各抒己见，都说完以后，你就说：“那好，根据我们看到的这些情况，我想问一下大家，你们觉得在3年之内，我们的战略方向应该是什么？”大家一起进行“头脑风暴”，是要用扩张战略、成长战略，还是营收战略、收缩战略？反正要先定下一个战略方向。

“根据这个战略方向，大家觉得我们今年应该用哪几个目标来衡量这个战略是否成功，预测战略的财务成果呢？”这个时候大家又开始你一言我一语，有人说是利润，有人说是收入，有人说是市场占有率……这时你梳理一下，看看大家提到最多的是什么。可能是业务增长，也可能是净利润。其实结论是什么不重要，这样做的目的就是让大家都参与进来。

参与权和决策权是两回事。当你发现大家定的方向和目标与你的想法有些不一样时，你要知道这很正常，毕竟没有人能像你一样为公司想得那么长远。这时候就考验你的领导能力了，你可以适当去做一些引导，启发他们。

比如，你可以说："你们觉得我们的开发成本跟同行相比怎么样？今年如果我们要获得这样的利润，开发成本是不是也要作为一个重要的战略目标来考核呢？”大家一听，可能觉得很有道理，应该把开发成本考虑进去。你接着说：“那么税前利润呢？去年是多少？同行的增长情况是什么样的？依据趋势判断，大家觉得我们今年大概可以定多少？”就这样，在你一步步的引导之下，公司的战略方向是不是就清晰了？短期目标是不是也出来了？

我们常说人事合一，这个过程是做事情的过程，是达成共识的过程，也是培养人的过程。通过定战略目标可以提升人的眼界，也是在培养人。

虽然隐形的决策者是你，但你要学会把功劳归于大家，在达成共识、结束会议的时候，你可以说：“我们开了一场非常高效的会议，今年的战略目标是我们一起制定出来的，说明大家很有全局观，已经慢慢地具备了经营型人才的思维，你们很能干。”

当你把成就感还给公司那些高管的时候，他们才会真正感受并享受这种参与感，对这个战略目标会充分理解和认可。

这个时候可以开始进行第二步——目标分解。我再以一家公司为例，详细讲一下目标分解的过程。

我们先看一下公司级的 KPI（关键绩效目标）是什么。公司的战略方向，一是增加销售额，二是降低废品率，提高利润。具体的目标是什么呢？销售额要达到 20 亿元，市场份额要从 30% 增长到 32%，废品率要降到 5%，这就是公司级的 KPI，也是大家达成共识的结果。

那么，下一步就是要分解到各个部门，部门主管要去打钩，打完钩不算完，还要把结果贴出来大家一起讨论，看看有哪些部门没有把相关项打上钩，得让他们说出理由，然后补上。打好钩以后，也就是说各位主管认领了自己部门的 KPI 以后，就可以回到各自部门继续向下分解了。

我们分别以销售部、生产部、人力资源部这三个部门为例，看一下他们各自的目标。

公司就一个销售部，那么 20 亿元的销售额目标肯定要由销售部全部背下来，把市场占有率提升到 32% 的目标自然也是销售部的。除此之外，他们还有一个前置性的目标，就是客户满意度不能低于 80%。这个目标又是怎么来的呢？

我们都知道，如果公司想要获得持续的发展，就要给客户创造价值，服务好客户、留住客户，所以会有一个前置性的过程目标，就是客户满意度，这是在公司目标的基础上做了加法的，也就是说认领这个目标后绝对不能只做简单的“物理分解”，还要做一些“化学分解”。

那么生产部呢？生产部认领的目标是采购残缺率降低5%，单品加工的合格率达到95%，废品率降到5%，这些是从公司直接认领过来的。此外，工艺改进也是跟生产部相关的，具体做哪些改进也要写出来，作为对生产部的考核目标。

人力资源部呢？人力资源主管在想，“销售额达到20亿元”一项我打钩了，“废品率降到5%”一项我也打钩了，但是公司可不能直接用销售额考核我，也不能用废品率考核我，因为这不符合SMART原则[1]。

那他要做什么呢？第一，要为销售部招到合格的销售员。第二，让销售骨干流失率降低到2%。因为一线必须要有人，必须要有优秀的人，才能完成目标，而人力资源部就是销售部的后勤保障。还有，既然要降低废品率，那就要在生产部推行全员QC活动[2]，要将生产人员的技能合格率提升到95%。因为生产人员技能不提高的话，降低废品率的目标就难以完成，所以它是一个有关联性的过程目标。

分解不只是物理上的分解，还要和部门职责、岗位职责结合起来。

再以人力资源部为例，看部门KPI如何分解到个人头上。

人力资源部认领了目标后，要将一级部门的目标分解到二级部门。人力资源部下面有招聘部、培训部。招聘部的相关目标是销售员的及时满足率为100%，这是上面分下来的；试用期的转正率为60%，这是部门自己加进去的。转正率很重要，如果招进来的人最后都留不下来，说明招聘没有质量，所以人力资源部把质量目标也

1 SMART原则是指为了让员工更加高效地工作，为管理者将来对员工实施绩效考核提供了考核目标和考核标准，使考核更加科学、规范，更能保证考核的公正、公开与公平的原则。

2 QC活动指为达到品质要求所采取的作业技术和活动。

加进去了，这是做了加法的，这样才能确保人员的及时满足率达标。

那培训部呢？培训部除了把培训目标拿下来，还要调查质量低下的原因。3 月底要开发出相关的课程，4 月要开展有针对性的培训，培训的覆盖率要达到 95%，生产人员的合格率要达到 95%。仔细看就会发现，培训部除了认领结果性的目标，还认领了一些关键任务，并且细化了任务开展、完成的时间和标准，也做了加法。

现在二级部门继续往下分解，就分解到个人头上了，我们以招聘部为例，看一下具体该怎么做。

比如说，你是人力资源部的主管，手下的招聘部就一个招聘专员，你给他的目标是 12 月底要招到 10 个正式员工，实现人员及时满足率 100%、试用期合格率 60%。

你对这个招聘专员的考核目标是什么呢？你不能等到 12 月底再考核他有没有完成任务，那就来不及了。你得把它分解成每个月的目标。

倒推一下，如果 12 月底他要招到 10 个正式员工，那就意味着试用期满能留下 10 人。假设试用期是 3 个月，按照转正率 60% 计算，10 月他至少要做到让 16 人入职。那好，10 月你就考核他的入职人员有没有达到 16 个。

那么 9 月呢？要做到让 16 人入职，他至少要面试多少人？这不是随便说说的，你可以根据历史数据算出转化率，就是他原来面试了多少人，最后能招进来多少人。推算出来的面试人数，就是 9 月你考核他的目标。

那 8 月呢？同样根据历史转化率得出，他要面试多少人，至少要筛选出多少份简历。假设算出来是 360 份简历，那 8 月你就考核他筛选的简历数有没有这么多。

他想收到这么多的简历，就必须广撒网。那他有没有完成在 5 个招聘渠道上的布点？如果是高端的 8 级以上的人才，他有没有至少在 3 家猎头公司布线？这些动作就是 7 月你要考核他的目标。

对于职能部门来讲，你千万不能只看最后的结果，一定要把结果分解成一个个阶段性的目标，每个阶段结束，都对应着一个清晰的目标。

以上就是目标分解的全过程，从公司的战略目标到一级部门，再到二级部门，最后到个人，再通过倒推，得出个人每个月的过程目标。

现在我要问一个问题，招聘部只有招聘专员一个人，那他的目标应该由谁来定？是人力资源主管给他定吗？

不，要让他自己定，让他自己做掌舵人。就是说他每个月的目标都是参照招聘部的 KPI 自己倒推得来的。他定完以后，再来找你沟通，你们在沟通的过程中达成共识，最后确定下来作为他的个人目标。个人目标由他个人来定，那人力资源部的目标谁来定呢？按照同样的逻辑，人力资源部主管领回他参与共创的目标后，对照部门 KPI，自己做分解，然后去跟老板沟通，最后达成共识。流程都是一样的，不管是一级、二级部门，还是下面的一线员工，每个人都为自己定目标。

当然，如果你想做得更好一点，你也可以跟公司目标一样，让招聘部、培训部跟你共创整个部门的 KPI，共创完以后，他们再回去制定自己的 KPI。

这样做是最理想的，上下沟通共创，做到了既自上而下又自下而上。当员工中“90后”“00后”渐渐成为主力的时候，这种做法非常符合他们的特点。他们的自我意识强，不喜欢被命令，喜欢主动参与、被平等对待，让他们参与制定自己的目标，能充分调动他们的积极性，增强执行力。

目标制定应遵循SMART原则

在目标制定的过程中有一个绕不开的话题，就是所有的目标都必须符合SMART原则，无论你们公司用的是OKR（目标与关键成果法）还是KPI，也不管你们是职能部门还是研发部门。那什么叫SMART原则呢？

S=Specific：明确的。不能太笼统，类似“要有很大的提高、要有较强的主观能动性、要有强烈的上进心”这样的词句是坚决不能出现在考核目标里的，非要出现的话，后面必须有一个衡量的标准，要么数量化，要么行为化。

M=Measurable：可衡量的。比如，在3小时之内要完成3个项目、要进行两场分享，这些都叫数量化。行为化就是你要做出一个动作，比如在这个月的30日之前要输出一个技术开发流程。有输出物也是可衡量的。

A=Attainable：可实现的。你千万不能把目标定得漫无边际，要求太高，否则员工就会直接放弃，他会想，反正也完不成，我干吗那么努力。但是也不能太低，太低的话就太容易实现，使员工不能发挥主观能动性，不能调动他所有的智慧，这是对人才的浪费。

R=Relevant：有相关性。目标必须跟员工的岗位职责有关联。就像前面提到的，人力资源部背的目标是公司20亿元的销售额，你不能把20亿元作为对他的考核，否则就相当于吃大锅饭，肯定是不行的。

T=Time-bound：有时限的。一定要明确实现目标的时间，要求是一个月还是一个季度，必须明确下来。

总而言之，就是看你的目标定下来以后，最后好不好评分。如果不好评分，可以这样，也可以那样，就说明这个目标是不符合SMART原则的。一般来说，销售部不太会犯这种错，因为销售额、利润什么的都是很具体的数字，很好考核，反倒是有些职能部门的考核容易出现这方面的问题。我们来看一下：

（1）持续提升服务质量，提高客户满意度；

（2）服务要有创新，不能总是按部就班；

（3）建立合理的管理人员新陈代谢机制，打造出公司公认的优秀人才；

（4）人事系统上线，客户覆盖率100%；

（5）本月完成至少10条新招聘渠道的拓展，各渠道每月推送人才线索不少于100条；

（6）搭建线上培训平台并落地推广，3个月内试点高层覆盖率应不低于90%、全员覆盖率应不低于85%。

前三条是不是都缺少衡量标准？那它们就不符合SMART原则。后三条有量化，有衡量标准，就明确多了，所以它们是符合的。

岗位考核目标的制定

接下来，我提供一些对于岗位考核目标的分析，大家可以作为参考。

我先说一下对产品经理的考核。

产品周期一般会分为几个阶段。如果产品处于探索期的话，可以考核标杆用户数，有多少个天使用户、多少个标杆客户来体验产品，这些用户的停留时长、满意度是多少。在探索产品的时候，会小步快跑做迭代，那么产品的迭代开发进度是怎样的，这些都可以列为考核目标。

如果产品处在成长期，已经投向市场了，就要看用户转化率，就是有多少用户转化为收费用户了，还有收费占比，重点产品的故障率、跳出率（即用户进去以后主动退出来的比例），这些都可以作为考核目标。

接着是成熟期，当产品已经投放到市场中，成为稳定性产品时，就要关注它的销售毛利率，这也是考核产品经理的。

最后是衰退期，如果产品已经进入衰退期，可以考核产品经理对创新技术的应用，不能指望一个产品吃到死，一定要去孵化第二个、第三个产品。那么，创新技术有几项？产品经理有没有达到要求？达到什么程度了？新产品的活跃度和留存度如何？这些都可以考核。还有，这个产品虽然在衰退期，也不能一下降到底吧，怎样让它下降的幅度趋缓，也可以作为一个目标来考核。

总之，对产品经理的考核，在不同阶段要做相应的调整。

再来看看对技术研发部门的考核。

对技术研发部门而言，开发进度就是生命线。很多互联网大厂的技术人员经常加班加点，为什么呢？你想，假如你们的产品定在 5 月 25 日上线，开发过程中可能会遇到各种问题，万一导致它只有百分之六七十的完成率，那怎么办？你不能把上线时间随意推到 6 月

25 日、7 月 25 日吧？好公司和差公司的区别就在这里，好公司一定会对开发进度做阶段性的分解，会进行阶段性的考核。如果你的部门第一阶段的进度没有达标，那就只能加班加点，这没办法。新产品的上线会涉及公司多个部门，你不能一直往后推，影响第二阶段的进程，进而影响到整个公司的计划。好公司的上线时间预判比较准，就是因为有一套科学、严格的考核机制。

除了对开发进度的考核，还要考核漏洞数量。漏洞等级有 P0 级、P1 级、P2 级，各个等级的漏洞数量不能多于多少个，也可以列为考核目标。

另外，开发的成效怎么进行量化考核呢？就要看客户的使用率、停留时间，还要听取客户的反馈，包括售后的返修服务。还可以通过使用部门的满意度进行考核，比方说你开发的是公司内部的人力资源系统，是人力资源部用的，那么人力资源部就有权对你这个产品进行满意度评分，从开发进度、解决问题的及时性和有效性等方面做评价。

技术研发部门还有一种考核也不能忽视，就是对开发经验和知识的归纳整理。开发过程中积攒的经验教训对公司来说是一笔宝贵的资产，能不能很好地传承下去，把优秀复制出来，就看公司是否重视对这一块的考核。

下面来讲一下常见的市场运营岗位的考核。

内容运营人员是写文案、做策划的。文案方面，可以用内容的播放量、转发量、新增粉丝量、收藏量及阅读的完成率等进行考核。策划方面，可以把引流渠道的访问量、独立访客数作为考核的目标。

品牌投放组初期一般都要迈开腿去投放，那考核什么呢？可以考核总的注册用户数、投入的渠道数量、公众号文章的数量，执行中后期就看总注册数、用户转化成本。

对企划组呢？就要考核每个月、每个季度组织活动的场次。考核场次不能只追求数量，还要以结果为导向，一场活动实现了多少拉新数量，也要作为目标进行考核。

讲到这里，我想再强调一下在目标考核中常出现的一些问题。

所有这些岗位上的个人目标考核标准不是老板手把手去帮忙制定的。老板怎么可能懂得每一个岗位尤其是技术岗位的目标应该怎么考核呢？就算老板在某些方面很专业，擅自定的目标别人也不一定认可。

如果一个员工自己都不知道怎样去衡量自己的工作做得好还是不好，那他就是不称职的。比如，一个写文案的人应该知道一个好的文案是什么样的，也应该懂得好的文案会带来阅读量，吸引新的粉丝，那他就可以用这些目标来衡量他的工作。他定下考核目标后再去跟他的上司“对焦”，这才是正确的流程。

这一点很关键。有的时候 HR 会非常操心，“这个财务目标怎么定？这个采购目标怎么定？”他们虽然很有责任心，但是思维不对。作为人力资源负责人，要考虑的是各个部门负责人的目标和他们各自的组织目标。比如，销售部的组织目标是什么？财务部的组织目标是什么？这些都要心里有数。至于他们的员工的组织目标怎么定，那是他们跟员工去商量的事，他们会从同样的维度想办法的。一个 Java 工程师要忽悠老板、HR 是容易的，但他忽悠不了 Java 主管。

以上罗列的是用得比较多的一些目标，但肯定还有你们公司特有的一些关键目标。总之，要具体问题具体分析，一切从实际出发。

文化建设：价值观的考核

最后，我想跟大家分享一个比较特殊的，但也是我这些年从事管理工作用得比较好的考核项目，就是对价值观的考核。

我经常能看到很多小公司特别关注结果，这有错吗？没有错，但是如果你长时间地只看一个维度，就是只关注结果，那你这个团队是没有灵魂的，是走不远的。要建设一种积极、团结的企业文化，就离不开考核。

如果没有真正的企业文化，工作中只要拿到结果就可以，那大家就会不择手段，不顾公司的发展，只追求个人业绩。为避免这种情况，第一个要考核的就是团队协作。

怎么考核？看员工服务的是哪个部门。比如说，他服务的是销售部门，那么销售部门就可以对他的服务质量、服务态度以及服务的及时性进行打分。打分结果占他个人绩效的 10% ~ 15%，这个比例可以根据情况自己制定。

有些人可能会说这不合理，别人又不了解我的工作，要是故意为难我，给我打低分，岂不是很不公平？这种现象确实可能存在，但团队协作只占 10% ~ 15% 的权重，不至于影响整体的业绩，只会产生一定的约束作用，所以是利大于弊的。

另外，公司领导希望大家能够更多地去分享，打造一个学习型的组织，那么内部随时随地的学习和交流就很重要。这怎么考核呢？他分享的次数多少，参与他的分享活动的人数多少，他每次分享完后大家给他打多少分，这些都可以作为考核目标。但是，这一项一定要因人而异。这一项主要针对优秀员工，或者针对某一方面能力特别突出的员工，他们分享完以后要形成文档，作为公司的无形资产进行传承，这样就可以复制优秀。

对有些业绩不那么好的员工，我们可以引导他们多看书、多学习。看完以后他们不仅要写出阅读心得，还要写出他们在实际工作中的应用，通过这种考核促进他们进步。我们还可以鼓励他们主动找优秀的员工或主管去交流、请教，通过考核他们交流的次数以及在工作中的应用效果，来跟踪他们的成长。

文化建设要营造一种氛围，一种积极上进、团结互助的氛围，但保持氛围需要用完善的考核机制做保障，要跟个人绩效绑定，跟晋升绑定。公司要想做大做强，多维度的考核是必要的，因为这是个人和公司都能够健康发展的保证。

目标的沟通

前面我讲了关于目标制定的话题，帮助大家理解对目标的分解和考核。下面再给大家提供一张工具表，帮助大家掌握目标沟通的流程。

目标沟通表

有一句话叫“好的方法不如好的流程，好的流程不如好的工具”，下面这张工具表就可以辅助你顺利完成流程（见表 4–2）。

除了姓名和时间，表中的第一项就是个人梦想，说明目标沟通要从梦想开始。梦想是什么？就是最能够激励员工的东西。比如，3 年内一定要买房子，3 年内一定要娶上老婆，或者说在多少岁一定要实现财富自由，这些能激励员工的事情就是员工的梦想。

表 4-2　目标沟通表

目标沟通表	
姓名:	时间:
个人梦想:	
激励自己的一句话:	
月目标:	
周目标:	
日目标:	
策略: 1. 2. 3.	
行动计划: 1. 2. 3.	
完成时给自己的奖励:	
没完成时对自己的惩罚:	
员工签字:	主管签字:

月目标是什么？周目标、日目标又是什么？要把它们分解开来。然后是策略和行动计划。

下面是完成时给自己的奖励、没完成时对自己的惩罚。当实现目标时，给自己一个小礼物或庆祝一下，会比较有成就感。如果没完成计划，要让自己感受到一点痛苦。这也是利用了人类趋利避害的本能，为了避免这种痛苦，就会更努力一些。

当然，我建议大家尽量不要采用罚款这种手段，因为罚款会让效果变味。当你跟员工说“如果你没有做到，我就罚你 200 元”，员工就会觉得你今天跟他谈话是为了把他的目标提高，提高以后他做不到，你才好扣他的工资。但实际上这是你的本意吗？当然不是，但是你这么做就会给他这种感觉，所以尽量不要采用罚款的手段。

那应该怎么做？你看他最不喜欢做什么，你就让他做什么。比如，他最不喜欢爬楼梯，那你就跟他讲，没完成的话就两个星期不乘电梯走楼梯，每次走楼梯都要拍个视频。比如，有些公司的快递员如果违规了，领导也不罚他们的钱，而是让他们写检讨，至少写 500 字，或者让他们在公众场合当众表演。快递小哥们一般都比较内向，那他们是不是感觉到痛苦了？所以，先让员工自己说最不喜欢做哪些事，然后在里面挑一件作为惩罚。

晒目标

跟员工沟通完目标后，可以让他拿出来晒一下。比如说，你现在手下有 5 个员工，你可以让每个员工把他下个月的目标拿出来，说一下他要做到什么样的程度。说完之后，其他同事可以给他点评，给他提一些建设性的意见。“我觉得你虽然定了一个销售额的总目标，但是新客户的增长对公司是比较重要的，为什么增加新客户的目标你没写上去，客户的满意度你也没有放进去？”你会发现有些话不需要你来讲，其他员工就讲出来了，这能够帮他优化目标，给他照照“镜子”。我们也把这叫作“送礼物”。

你甚至可以把这一步前置。

我通常是这样做的：把各个部门的目标分解后，我会再开一场目标通晒会（相互晒目标的会）。会上每个部门的负责人都上去投屏，把自己的目标跟大家讲解一下，说一下为什么定这个目标，衡量标准是什么。然后其他的同事给他点评，给他送礼物，他也会记录下有价值的点评。全部点评完之后，我作为主持人就会问他，“刚才大家给你做了一些点评，你觉得你回去修改目标的时候，会在哪几点上做改进？”他肯定会说这个目标他定低了，那个目标又高得太离谱了，还有一个目标他没有想到。

这个时候请你记住，其他人提的建议可能会有盲区，因为他们毕竟没有站在你的高度看问题。如果你觉得必须做补充，就可以说“我也要给你送一个礼物，我觉得这个目标还有问题”，然后分一二三点讲给他听，让他思考一下。就这样把每个人的目标都过一遍，大家回去修改。修改完之后，再回到你这里来沟通。

这样做的意义是，你跟员工谈目标，员工会觉得是你强压给他的，而同事之间晒目标、送礼物，因为都是平级，互相监督、互相鼓励，更能让人接受。

还有一点，当每个人都上去晒目标的时候，他就知道自己定的目标是低了还是高了。他本来觉得自己的目标已经定得不错了，但一有比较，马上就知道自己与别人的差距了。所谓没有比较就没有伤害，这样公开透明一点，其实有点 PK 的味道了，更能激起人的求胜欲，有助于目标的完成。

定目标的鲇鱼效应

可能有些员工比较“聪明”，在定目标之前千方百计地了解别人定的目标，然后大家私下里说好目标范围。这样对公司的全局发展肯定是不利的，为了避免出现这种集体“作弊”的情况，你可以提前做一些准备，比如为你的会议准备一两个“托儿”，相当于鱼塘里的鲇鱼。

这个“托儿”必须是那种目标已经定了，且达到了你的期望的人。因为他的目标高，所以就会刺激到别人，让他们觉得“我是不是对自己的要求太低了”。

举个例子，假设你带的是取经团队，你是唐僧，下面有孙悟空、猪八戒和沙和尚。如果需要找一个“托儿”，你觉得找谁比较合适呢？

答案是猪八戒。我来分析一下：团队里的孙悟空认为自己是最强的，他定了 150 万元的目标。假设猪八戒定的是 90 万元，你们觉得沙和尚对自己的认知会是怎样的？沙和尚可能会定 70 万元。

那如果唐僧跟猪八戒提前打了招呼：“老猪，明天要开通晒会了，你定多少呢？ 90 万元？上个月就是 80 万元，这个月你定 90 万元？明天这个会上我可是希望大家能够提高信心啊。”猪八戒情商很高，他会怎么说？“老大，我懂了。”唐僧接着说：“好，现在你打算定多少？”猪八戒说：“110 万元。”唐僧很满意：“110 万元！好，我对你还是有信心的，回头怎么做我们再一起探讨。”

第二天的通晒会上，猪八戒一晒目标，110 万元！谁会先坐不住？肯定是孙悟空嘛，他心想，“你老猪一下子比上个月提高了 30 万元？我跟上个月比才提高了 20 万元，岂不是不如你了？这怎么对得起我‘齐天大圣’的名号呢？”他一激动，把自己的目标也拉高了，160 万元、180 万元都有可能。再看看沙和尚会怎么想。“大师兄、二师兄确实比我厉害，但是我也没比二师兄差那么多吧，他都 110 万元了，我怎么能定 70 万元呢？好歹我也得定 90 万元吧。”

团队里有这样一条“鲇鱼”非常重要，他能激起身边同事的活力和好胜心。你如果比较了解自己的团队，就可以跟合适的员工谈话，请他协作，利用他的目标去提升整个团队的目标。

让目标每天督促着你

我前面讲了很多内容，可以归纳为目标沟通的五个步骤：

（1）向上“对焦”，不管上面的目标有没有让你共创，“对焦”这件事情肯定是要做好的；

（2）如果你是部门负责人，则要制定自己部门的目标以及你个人的目标，这是你自己去制定的；

（3）组织通晒会，完善员工的目标；

（4）向上沟通目标，达成共识；

（5）粘贴目标表，让目标督促着员工做好每一天的工作。

第 5 步是一个很实用的方法，也是我多年来带团队的心得，下面给大家详细分析一下。

很多人的目标定下来后，会形成一张电子表格，然后就被放到电脑里去了。我的建议是，目标表一定要公示、粘贴出来，时刻提醒着自己。

比如，将团队目标表粘贴到经常开会的地方，每次开例会都“对焦”目标。

那个人目标表呢？个人目标表就贴在自己的工位上，让自己每天都能看到，时时提醒自己。

工位上除了粘贴目标表，还可以贴什么呢？贴自己的梦想表。每个人都有梦想吧？有的人想在 3 年之内有一套自己的房子，那就找到理想的房子图片，打印一张清晰的彩色图片粘贴在自己的工位上，图片比文字更有效果。想想看，你的工位上有一张目标表、一张梦想表，当你累了、倦了，遇到挫折了，它们会不会激起你的斗志？

我自己就是这样的，我不仅会把目标表粘贴在我的工位上，还会把它粘贴在我房间的门背后。每次上班出门前，我都能够看到我的目标——那也是我的梦想——然后提醒自己，我真的要妥协吗？这个东西还要不要？如果要，那就不要低头，咬咬牙，挺过去。

成功从来不是一蹴而就的，需要坚忍，需要面对目标、朝着梦想，脚踏实地地一步一步走过去。

追过程

目标管理三板斧，中间的一个就是追过程。目标不落地，前面所做的一切就没有意义。怎么落地呢？我们有了年度目标，就要进行分解，要有月目标、周目标，列出工作重点，并写出对应的策略，付诸行动。会不会有临时的、突发的事情？当然会有，但是有了这些计划表，我们就能做到把 80% 的时间都放在最重要的事情上，让目标有结果。这就是追过程的意义。

下面我来讲一下追过程的三个步骤。

围绕目标开会

前面我在讲目标沟通的时候，提了一个建议，就是把自己部门的目标表粘贴在经常开例会的地方，进度表也要粘贴在那里。这样在开会前，大家就会先去看数据，看每天的进度更新情况。

我自己带团队的时候，每次开例会大家都挺开心的。我把那个贴目标的白板放在走廊中，大家上下班都会经过的地方。

这个白板怎么贴？我们是这样做的：纵坐标是业绩的数值，横坐标是员工的名字。每天大家有了到单，就在上面贴一个标签，到一单贴一个，就像贴小红花一样。慢慢地，每个人名下就会形成一个“柱子”，业绩不同，柱子就有高有低。不光是我们部门，其他所有部门都有一块白板，每个人的业绩都是公开透明的，就贴在那里，每天都更新。

一到下午 6 点下班时，所有的到单都会被统计出来，一张张往上贴，太壮观了，领导还会给部门里面的前三名贴上不同颜色的皇冠，表示金牌、银牌、铜牌，即时的业绩排名非常清晰也非常刺激。一些不服输的人、很要面子的人，这种时候往往不会想这个月他能拿多少钱，而是会想他今晚要不要留下来加班，多打几个客户电话。

真的是这样，我刚进阿里巴巴做销售的时候，每天冲业绩就跟玩游戏一样，像我这种很喜欢竞争的人，一定要爬到最上面，在这种群体 PK 中，成为业绩最好的那个人。大家为了自己的面子、尊严，不敢有丝毫懈怠，整个公司都洋溢着你追我赶的氛围。

这种办法大家可以灵活借鉴。比如，也许你们公司的销售模式不是那种短平快、一两天就能出业绩的，你们的大合同可能一个月也就签一两单。这种情况下你也可以做类似的东西，但是你贴的就不是到单量，而是客户的成熟度、拜访量之类的。

又如，做技术开发的可以贴项目进度或者某一个目标。如果你觉得这个团队开发的项目中的漏洞实在太多了，那你也可以设置一些阶段性的考核目标。

需要注意的是，这种力争上游的氛围不是每个人一开始都能适应的，尤其对一些能力有限、业绩垫底的员工，我们要照顾他们的心理，用更好的办法帮助他们赶上来。

走动管理和现场管理

实际上对所有员工来说，走动管理和现场管理是在追目标的过程中必不可少的两个环节。

大家知道走动管理做得最好的是哪个国家吗？是美国。美国的公司管理者一般不会一直待在办公室里，而是经常走来走去，关注员工的状态，看到一个员工表现得好，就会及时给他一个正面的反馈。不好的怎么办？立刻就让他开始改。

现场管理做得最好的是日本，日本管理界常说“现场有答案”。比如优衣库，他们的管理者都会到各个门店去视察。无论是事业部总经理，还是设计部总监，都要去店里。他们不只看自己，还要看同行，看对门的那家服装店是怎么做的，他们的优势是什么，我们哪些方面做得比较好，我们的产品设计可以做哪些改进……

我曾经去给一家公司做咨询，那是个有 70 多人的小型公司，我一去就发现它已经有了大公司的“病”。什么“病”呢？光总监就有 7 个，总监上面有好几个副总，总监下面还有经理，经理下面有主管，主管下面有副主管，层级太多了。层级过多信息就容易被过滤，效率就容易低下。

还有一个更严重的问题，就是这些总监很少去现场，更不用说公司的 HR 了。

你想想，小公司跟大公司比，优势在哪里？是不是更加灵敏？就这臃肿不堪的管理者队伍，还谈什么灵敏呢？不了解现场，怎么可能制定有针对性的策略？现在一些大公司之所以把自己分解成一个个小团队去作战，就是因为想避免大公司的通病。

说到走动管理和现场管理，走动可以是去办公室，也可以是去员工工作的现场，其实更重要的现场是客户所在的地方。

我为这家小公司做咨询时，天天看到 HR 在办公室里待着。业务部门经常说，人力资源部的人不就是算算工资、做做人员调入转离吗，他们根本不懂业务，又不接触、不了解我们的人，怎么能给我们赋能呢？所以，最后人力资源部的人往往被当作行政人员使唤。

在阿里巴巴就不会这样，无论你是做技术的还是做 HR 的，哪怕是中高层管理者，现场也是一定要去的，每个月都要去一次。

再说技术部。有人说，技术部的人不就是天天写代码吗？这是刻板印象，是不对的。很多互联网技术人员需要深入客户现场，亲自看看客户的痛点在哪里，因为他们本来就是要用技术帮人家解决问题的。也许你会说，产品经理去看不就行了吗？那不一样，产品经理从产品的角度看会有一种思维，但是技术人员从技术的角度看会发现不一样的地方。

又如，阿里巴巴的办公软件钉钉就是在客户川味观的现场开发的，川味观是杭州一家知名的餐饮连锁公司。钉钉的前期基础开发是在办公室进行的，但到了后面的应用场景开发，整个团队就搬进了川味观现场办公。钉钉打卡刷脸的功能就是在川味观开发出来的。当时他们的职工上下班去刷脸完成考勤时，发现延时严重，技术人员就在现场一点点改进。

当然 HR 也一样，深入员工工作的现场，就能够了解员工状态怎么样，他们的熟练度怎么样，他们的职业化程度怎么样。作为管理者，以你的经验和思维高度，你还会发现一些团队的问题。对一线充分了解了，在进行跨部门协作时，你还可以帮助他们减少内耗。

一些公司的市场部和销售部容易成为一对冤家。市场部的人说：“你们销售部就知道每天搞人肉战术，却不知道我们花心思做的这个方案有多棒。我们是空中部队，是可以帮你们‘降维打击’对手的！我们花了很多钱，你们怎么不好好配合呢？”销售部的人就会顶回去：“花了公司那么多市场费用，你自己看看有多少客户是通过你们的营销方案拉来的？还说什么空中部队，最后还不是通过我们的地推团队捡过来的！”

双方掐架的根本原因在哪里？每个人都觉得自己说得很有道理，没办法跟对方沟通，根本原因就在于他们没有走进共同的现场，他们看到的风景是不一样的。

市场部的人如果天天都在办公室里分析同行，看自家和竞争对手的数据，然后在这个数据的基础上做一些市场策略分析，那他们确实没有看见客户。

怎么解决这个问题？大家都要了解业务，都要走到一线、走到现场去，站在同一个位置，看到同样的风景，这样就有了共同的话题，以后才能共创，才能减少部门间的内耗。

很多大公司为了避免管理层的官僚化，对现场管理做了明确的规定。比如，华为的一些部门对中高层管理者的要求是每个月至少要会见 3 个大客户、至少要去现场 3 次。有些部门的要求比这个标准还高，这是一个底线要求。

我觉得在这一点上，小公司可以做得更好。公司本来就不大，不要有官僚作风。你是副总也好，总监也罢，一定要走进现场，摸清市场，和你的员工共同面对一样的风景，这样有利于你做出有效的决策。

根因分析：用数据说话

为什么我会把数据分析放在追过程的最后一步？因为这个顺序是有讲究的，首先我们要围绕目标开会，针对目标去找问题、找原因、找经验，然后通过走动管理和现场管理及时发现问题，接着解决问题。那么数据一般是即时的还是滞后的？当你发现市场占有率下降了，销售业绩下降了，转化率下降了，数据变得很难看了，你再去围绕目标开会，去现场找原因，是不是就变得很被动，很多事都来不及做了？

因为数据是滞后的，所以管理者就不能天天坐在办公室研究数据，前两步一定要先行。等数据出来以后，要认真对待，认真加以分析。

有些主管拿到数据也只是做参考，不喜欢去做根因分析。特别是带销售团队的主管，总体上是感性的，对数据不感兴趣。但事实上，数据会传递出很多信息，对数据进行根因分析，从浅入深，从大局到个体，就像剥洋葱一样，一层层往里剥，就会让管理事半功倍。

我们知道，所有的成交基本上都是这样的，流量 × 转化率 × 客单价 × 复购率 = 销售额。如果这个星期的销售业绩比同期下降很多，你调查了一下，发现主要是员工的拜访量下降导致的，你会怎么做？要求员工增加拜访量，做不到就处罚，做得到就奖励，这样可以吗？

不要急于做出这样的决策，你得先找到问题的症结所在。

什么原因导致拜访量低了？如果你带的是 10 个人的团队，员工有老有新，从团队数据来看，整体拜访量比上个月低了 30%。那你要先从人群上分，看看是大家都低，还是一部分人低。最后发现 10 个人当中，有人的拜访量是持平的，有人的拜访量增加了，但是有几个人的拜访量确实较低，是这几个人把整个团队的拜访量拉低了。

这时你要再看看这几个人有没有共性。你一看，还真有发现，这几个人都是老员工，在这个销售岗位上至少做了一年。

你要不要马上做决策，找老员工谈话，对他们进行激励？先不要去，继续往下分析。

老员工拜访量为什么低？老员工有两种客户：一种是新客户，就是每天在平台上新注册的会员，系统会把他们分到老员工的库里；还有一种是他们去年签进来的客户，今年他们要继续跟进服务，让这些客户续签。

那你就要看看这些老员工的拜访量低是体现在老客户上面，还是体现在新客户上面。你一看，又发现了他们共同的问题：体现在新客户上面。这些老员工对老客户的拜访量还是可以的，甚至有的拜访频率还挺高，但对新客户就很敷衍。继续深挖，你检查这几个老员工的业绩，发现他们的业绩还很不错，但 60% ~ 70% 的业绩都来自老客户的续签。

这说明什么？他们在吃老本。他们满足于跟老客户维护好关系，所以在新客户那里就有点“躺平”了，到单很少，拜访量也很低。说直白点，就是这些人变成“老油条”了。

这些老员工技能不差，经验也有，但就是在吃老本。你作为管理者，站在公司的角度，肯定不希望看到人力资源浪费吧。

那怎么办？当然是去找他们谈话。不过，还有更有效的办法吗？有，就是改变机制。销售部招人的时候，就是希望销售员有狼性，但你后来发现这些人不想做“狼”了，要改做“羊”。按照狼的特质招进来的人，最后怎么变成了一只“羊”？这是管理的问题，所以你就在周会上把它提出来，然后看看用什么样的机制去解决这个问题。

当我分析到这里，你就会发现，拜访量低的问题的解决方案，根本就不是做辅导、提升员工的意愿那么简单。所以，最后可以形成新的激励制度，首先区分新老客户的提成点，将新客户的提成点增加。其次，原来公司的晋升、期权的激励，包括金银铜牌的排名，是按总业绩来的，现在要把老客户的业绩剔除，只比新客户的业绩。

当然拜访老客户也会继续拿提成，只是提成点比原来低了。这样确实有了很大改变。签进来一个新客户，可以顶得上三个老客户，老员工想要更多的收入，就要去发展更多的新客户，不能“躺平”。

你也许会说，这样的改变老员工会不会不接受，干脆跳槽了？我想告诉大家，没有一次变革是不付出代价的，只要是变革，总会影响到部分人的利益。所以，沟通很重要，做好解释工作，会让代价小一点，让变革推进得顺利一些。

假设你们推进得很彻底，你把新老客户分开进行管理，分成了两个部门，一个叫新客户开发部，另一个叫服务续签部。

什么意思？你把老员工所有的老客户都“拿掉”了，他们肯定不乐意。那怎么做呢？提成还是会算给他们的，而且会让他们享受两年，但是因为不需要他们去服务了，提成自然也会降低一些，并且这部分业绩不参与排名。

而在服务续签部，你完全可以招更像绵羊的人，他们可以服务得更细致，对网站的产品也会更加了解。用这样一批人专门服务老客户，续签率是不是更高？

以上就是通过对数据的层层深挖，发现了根因以后做的一系列关于机制和流程的变革，处理其他问题的逻辑也是一样的。

比如说，你发现流量没问题，客单价差异也不大，降得最厉害的就是转化率，销售额下降的最大问题就是转化率太低了。针对这个问题，你同样可以一层层深入追下去。

你先要看看，是所有员工的转化率都低，还是只有部分人低？新客户和老客户的转化率有没有区别？如果你根据数据发现这个团队新人的整体新客户转化率都低，那你就继续深挖。比如说，渠道有餐饮店、超市、小卖部，那么哪一个渠道的转化率低？如果最后发现新人不管是在哪个渠道转化率都低，那可能存在的问题是什么？可能是培训没到位，或者培训了但主管没有给他配师傅，没有去跟进。还可能是因为老员工有产出，新人被边缘化了。但这些都是你的推论，具体需要你多方面去了解、去求证。

一番求证下来，你发现是培训的问题。那是主管不重视呢，还是他没有梳理出一套好的培训技能？他的培训文档是怎样的？你再往下追。

经过你的层层追究，最后发现要解决的是主管和组长的问题，根本不需要把整个团队拉到一起讨论。虽然大家集思广益，然后抛出一堆问题，最后搞激励、搞整体培训，直到搞得大家都很忙碌，做了很多事情，却解决不了根本问题。

因此我们强调，面对问题要多问几个为什么，要学会透过现象看本质，进行根因分析。如果是共性问题，我们就要学会利用机制去解决，这就好比找到一个支点去撬动大石头，无疑是最省力、最高效的。

拿结果

拿结果作为目标管理三板斧中的最后一个，理应水到渠成。你只要前期定好目标，过程中及时做好跟进、辅导、反馈、激励、数据分析，那好结果自然就会出现。但如果你拿到结果就满足了，就止步于此，不做复盘，不去积淀更多的经验，那其实不利于公司的长远发展。

怎样做复盘

我跟进过很多小公司，也观察过它们的复盘过程。举个例子，领导问："我们这个月下来做得好的方面有哪些？"大家说："这个月的销售额比上个月增加了 20 万元，这是我们做得好的。"领导又问："那做得不好的又是什么呢？"大家又说："我们的新客户没有增加多少。"领导接着问："还有什么地方做得不好呢？"大家接着说："没留住新人。"领导问："那怎么改进？"大家说："业绩要回到正常水平，新员工的流失率要控制在 10% 以内。"

这种叫不叫复盘？不叫。

其实“复盘”这个词最早来自围棋领域，就是棋手下完一盘棋后，不会马上下另一盘，他们会回头审视这盘棋。“啊，那一步棋我不应该这样走，如果换一种走法，你会怎么走？我会怎么应对？”复盘的目的不是“我这盘棋输了，再来一盘的话我肯定能赢”，而是找出问题，找到解决方案。

当然，复盘也不全是找问题。你要这样分析：“这个月我的整体业绩比上个月提升了20%，我做对了什么？我还能在哪个地方做得更好？”或者说，“以前哪件事我没做，但是这个月我做了，所以我有了20%的增量。”你要把这些弄清楚，这时的复盘才会帮你积淀成功的经验。

在结果出来以后，我们最好能做一次比较有深度的复盘。其实深度复盘也不复杂，我们可以把它分成三个层面来做。

第一个是业务层面的复盘。比如说，这个业务做下来，我们的新客户却没有增加，是因为哪几件该做的事没有做，或者是做了却没做到位，找出要改进的，也找出做得好的。

第二个是人员层面的复盘。在这个项目里，人员有技术部的、有运营部的，有些人写文案做引流，有些人负责广告投放，还有些人搞数据分析，大家配合得非常紧密。一个月做下来，彼此应该都能看到对方的亮点和不足吧，大家私下里看到的东西可能比上司看到的还要真实。对人员的复盘，就是你要看到你身边的人，你觉得他有哪些地方做得不错，是值得肯定的，哪些地方是有待于改进的，还有哪些错误按照他的能力是不该出现的，希望他以后不要再出现这种问题了，等等。对人员的复盘，可以帮助员工成为更好的自己，能让他有更好的成长。

第三个是机制层面的复盘。举个例子，我们有一次事后讨论机制的问题，一个员工就提出来："我觉得我们跟财务的对接流程有问题。这个月我们本来完全可以拿第一的，但为什么没拿到？我们是按月底最后一天到账的单子来算本月的业绩的，29 日的时候，我的客户已经答应去办款了，本来 30 日到账是一点问题都没有的，但就是因为我们的财务人员把人家公司的抬头写错了一个字，对方财务说不能办款，叫我们重新开一张发票，他可以在 29 日当天或 30 日就办款。但是我们的财务人员说，按照我们公司的流程，得对方先把错误的发票寄回来，才能重新开票，这怎么来得及呢？财务人员为什么这么僵化？他就不能先把正确的发票寄过去，让人家先办款，办完款人家再把错误的发票寄回来吗？"

这件事一提出来，我们就在想，这件事推动财务部门改规则的可能性有多大，最后发现是不可能的，因为公司要考虑资金安全问题，财务的风控非常重要。那我们就想，能不能在不改变财务对接流程的前提下，改变我们自己的流程来解决这个问题？这时候大家又陷入了沉思，终于有人说："我觉得可以这样，财务每次开完发票，我们先拍个照，把照片发给客户，让客户仔细核对账号、公司名称、金额等信息，如果确认没问题了，我们再把发票寄过去。"大家一听，对啊，这样不就彻底解决这个问题了吗？以后就不会因为发票的问题影响到账、业绩排名了。

你看，流程、机制的复盘，会解决一系列的问题，对我们的管理是不是非常有意义？

复盘工具

关于人员的复盘，其实和照镜子的逻辑是一样的。我在这里给大家提供一个复盘常用的工具，叫“KISS 复盘法”（见图 4–1）。

图 4–1 KISS 复盘法

K=Keep：可以保持的。比如说，这个月做业务的时候，我们按照这个流程和话术做得挺好的，大家也觉得不错，这些可以继续保持。

I=Improve：做得不够好，需要改进的。

S=Start：可以做但是没有做，现在需要开始做的。

S=Stop：会影响团队的效率和合作，需要停止的。

这个工具非常有用，无论是对事的复盘还是对人员的复盘都可以用，下面我以对人员的复盘来举例。

“小王，我们一个月下来合作很多次。那么，你做得好的是什么呢？在这个项目的推进过程中，我看到你每次都是第一时间推进，所以后面几个环节的进度还挺快的，效率上有很大的提升，我觉得这一点你要继续保持。

“我们看到你有超强的说服力，想法也特别多，以后再遇到类似的问题，你可以多提些建议吗？我觉得这是你需要改进的。

“那什么是你需要开始做的呢？你看你是做数据分析的，你老是跟我们说转化率低，但你只是给我们罗列出了数据，并没有帮我们去做深度的挖掘和分析，比如几个团队间的数据对比，所以我希望你能够开始做这些，给我们的决策提一些建议。

“那有什么是需要你停止做的呢？我发现有时候你这个人过于理性了。上次我们本来想通过团队的协同去做一个方案，然后一起把这个客户拿下来，但是你给我们泼了太多冷水，所以最后我们放弃了。你可知道别的部门有好几个团队用这个方案拿下了好几个客户？我们只有想法，别人不仅有想法还有做法，所以我觉得以后当我们提出一个看上去有风险的方案的时候，你这种只讲问题、不提建议的行为是不是可以停止？”

以上这个例子就是对这个工具最简单的运用。开会时大家也可以画出这样的图，然后把相应的内容填进去，这样思路就会很清晰，整个会议的效率就会比较高。这也是方法流程化、流程工具化的优势所在。

奖优罚劣

最后，我要跟大家讲一下结果出来之后的奖优罚劣，从管理的角度讲，这是很有必要的。

在管理中，看人最基本的是看两个维度：一是业绩，二是价值观。根据这两个维度，我们可以把员工分成五类。

（1）业绩很好，价值观也很好的。我们称之为德才兼备，这种人在任何地方都是受欢迎的，我们肯定要重用。

（2）业绩很好，但价值观不好的。比如说，他的业绩每个月都数一数二，但大家都不怎么喜欢他。为什么不喜欢？嫉妒他的业绩？不是，是因为这个人表现出了极致的利己主义。凡是跟他出现一点撞单的可能性，吃亏的肯定是对方，因为他一定会不择手段地抢资源。在团队协作上，他只关注签单能给自己带来的收入，签完之后，他把客户资料都丢给销售支持，甚至连整理都懒得做。

从业绩上看，他应该是个明星，但和价值观加在一起通盘衡量，他就是那种“野狗”型员工。怎么看一个人是不是“野狗”？破坏团队协作，以牺牲别人的利益和时间来成就自己，使个人利益凌驾于团队之上，把短期利益建立在长期利益之上的，就是“野狗”型员工。这种人是一定要清除的。你不能因为他业绩优秀就妥协，不然公司的文化就落不了地，公司的规章制度就会成为一纸空文。

如果你们公司想留住一些优秀的人，就要树立正确的价值观，对不合适的行为一定要予以警示。如果他依然不改进的话，你就要按公司的制度开除他，不能给“野狗”生存空间。

（3）业绩不好，但价值观很好的。这种人在团队里面勤勤恳恳，任劳任怨，早到晚走，执行力很好，和同事的关系也不错，大家都挺喜欢他的，但他就是业绩不好，这种人就是“小白兔”型员工。

这种员工有两种可能，要么是根本不适合做这个工作，所以即便很努力还是拿不到好的结果，属于能力有问题；要么是这些都是假动作，因为他知道自己能力不行，所以他就用这些行为来获取好感，保护自己，成为一个让你“下不了手”的“小白兔”。其实无论是哪种情况，这种人都是不应该留的。你可能会说，要是把这样的人都开除了，团队会不会觉得我太不人性化，觉得他没有功劳也有苦劳？

如果你的团队文化是积极进取、力争上游，那么“小白兔”型员工留在团队里，对团队的影响是不是负面的？

每个人都有自己擅长的领域，就看他自己有没有找到。当然，也许有的人就是贪图安逸，没什么追求，喜欢待在这里，跟大家关系也不错，不愿主动去打破自己的舒适圈。这个时候需要你去帮他做一个决定，那就是请他离开。请他离开不是想害他，而是让他有一个新的开始。

（4）业绩不好，价值观也不好的。这种人无才又无德，公司当然没有留他的必要。对于管理者来讲，也不会舍不得对这类人“下手”。但“下手”以后要反思，是怎么把这类人招进来的。真应了那句话：“用人时流的泪，都是招人时脑子进的水。”

我们要反思招聘源头一端，人才画像是否清晰，什么样的人是适合这个岗位的，该怎样去提升面试水准。

（5）中间的。前面四种人其实都不是主流，大部分员工属于中间型的，就是业绩不是特别突出，价值观也不是特别鲜明，你不能指望他们做“小太阳”，不但自己发光发热还能去照亮别人，他们做不到，但他们的言行能够符合公司的基本要求，管好自己没问题。

一个正常的组织，通常都是个“纺锤”，或者说是个“橄榄球”。特别优秀和特别差的各占一头，比例不会很高，中间才是主体，这种“老黄牛”型的员工是管理中不能忽视的一股力量，需要我们不断去激发。如果他们的业绩是中等的b，怎么样提升到b+？如果是b-，怎么样提升到b，让他们今天最好的表现是明天最低的要求？这是管理者要用心去思考的事。

以上就是我对人才做的最基本的分类，对于小公司来讲，我觉得这个分类还是比较实用的。

我们的奖罚政策要兼顾原则性与灵活性，既奖励明星员工，也奖励“老黄牛”中有明显进步的人。对“小白兔”，要改变其无过便是功的观念，限期让其改进，不行就辞退。对“野狗”要“斩立决”，辞退后还要通告所有人，对这种破坏公司价值观的员工，公司“零容忍”。这既是一个强化价值观教育的过程，也是一个普法的过程。如果你从来都没有因为违反公司制度开除过一个人，那这个制度就等同于虚设，大家就不会知道公司还有这个制度。

16 字劝退方针

作为一个管理者，你如果把不合适的人留在公司，其实是对员工不负责，更没办法去提升你自己的领导能力。从来没有主动开除过人的管理者，其实不算是一个真正的管理者。只有主动开除过人，才会明白管理不只有美好的一面，还有让你很难决策的一面。你必须做一些舍弃的事情，不能只想着获得更多。

在管理上，有一个令许多管理者都头痛的问题，就是怎么劝退不合格的员工。这里就给大家介绍一下阿里巴巴的“16 字劝退方针”——“动之以情，晓之以理，诱之以利，绳之以法”。怎么操作呢？

假设今天你要去劝退一个“小白兔”，他来公司一年多了，勤勤恳恳、守规矩，但就是没有业绩。你给他做过辅导，也督促过他改进，但他始终达不到公司的要求，劝退他势在必行。你该怎么做？

你要先动之以情。人在什么时候会动情？是不是在回顾共同经历过的一些美好往事、回顾他引以为傲的点点滴滴的时候？你可以说：“小张同学，你刚来的时候性格是比较内向的，现在你跟同事们相处得非常融洽，大家也都挺喜欢你，觉得你是一个非常热心的人。”

接着晓之以理，你可以举些例子，一定要说事实，尽可能说得很具体。比如，“我看到你每天早上都比别人提前半小时到工位，人家还在吃早餐，你就已经开始打电话接待客户了……你很努力，为了在工作上获得更多的成长，付出了比别人更多的努力。你压力也很大吧，头发比刚来时少了很多。但你这么努力，还没有得到一个相匹配的结果，会不会是因为我们把你留在了一个你不擅长的岗位上？你知道公司对业绩的考核很严，像你这样人品非常好，但是得不到结果的，公司还是会请你离开的。我一边觉得很遗憾，一边在想，你身上有勤勉的特质，你性格里有亲和的一面，也许会有更适合的工作等着你去做。这个寻找的过程可能会让你不舒服，但你还那么年轻，我们同事一场，我应该鼓励你打破舒适圈，为你的未来早做打算，这也是对你的尊重。人在从事适合自己的工作时的快乐和成就感，你也应该有权利享受，你觉得呢？”

然后诱之以利，你可以这样给他分析：“你自己也希望在收入上每年都有提升吧？在我们公司你都这么努力了，还没有获得成功，其实不是你能力不强，只能说你的能力跟这个岗位不太匹配。就是说你的强项不在这里，你不要轻易否定自己。”

你可以进一步帮他分析:“你性格非常好,特别有耐心,善于聆听,可能缺的就是那种心气儿，有点随遇而安，那么在做销售的时候，就很难对客户制造出一种危机感、紧迫感，所以你‘拿下’客户的时间会拖得很长。但换在别处，这可能会变成你的优势。我觉得其实你做客服就挺好的，也很适合处理员工关系。”在人力资源方面有一个岗位的职责是处理员工关系，就是专门处理一些员工间的冲突。假设你们公司里没有和他匹配的岗位，那你可以建议他出去以后找这样的岗位，以能够发挥他的特长。

这样一番分析下来，他是不是觉得你在真心为他考虑？对一个

“小白兔”型员工，我们虽然不能留下他，但也应该释放足够的善意。所以，这些话都应该发自内心地说出来，让对方更容易接受。

最后就是绳之以“法”。如果限期改进没有见效，依照公司的制度，依照你们的约定，他就要办理离职手续了。

在这一点上你一定要注意，有的时候你没办法改变原则，但公司的规章制度你是需要遵守的。你的处理方法可以更加人性化一些，这样既表达了对他的尊重，也可以减少一些不必要的麻烦。

不可否认，有些公司在走到这一步时会和员工闹得不愉快。这样的员工其实是很有心眼的，在你不提防时，他会把手机录音悄悄打开，准备收集点证据，看看公司是怎么样无情地辞退他的，然后去申请劳动仲裁。

你知道他为什么会去申请劳动仲裁吗？有两个原因。

第一个是你让他感到惊讶，“你竟然觉得我有这么差，我竟然都要被辞退了”。这说明你平时的反馈做得不到位，以至于他自己一直感觉良好，直到你已经忍无可忍到要劝他走了，他还以为你对他挺满意呢，所以他会受不了。“每天我们都见面，你都没说我有那么严重的问题。就好比每个月你都给我做X射线检查、做CT检查，每次都告诉我身体很正常，然后呢，有一天你突然告诉我，‘对不起，你已经是癌症晚期了’，那谁受得了？”

第二个是你的辞退过程让他感觉就跟吃了一只苍蝇一样，人格受到了侮辱。很多管理者在解雇员工的时候，真的就像法官跟犯人对话一样，“你看看你现在所有的业绩，按照公司制度的话，你已经到淘汰线了，所以今天我们要请你离职。你不适合我们公司，你又违反了几条规则，已经踩了公司的‘高压线’……”

你的态度生硬又高高在上，仿佛在对他做宣判，让人家觉得曾经做过的那些团建，还有什么“视人为人”的人性化管理，全都像笑话。谁会喜欢被愚弄呢？

所以，作为管理者，你要有这样一个理念：他是你的员工，接受你的领导，但在人格上你们是平等的。你可以批评他的行为，可以辞退他，但是不可以侮辱他的人格。有了这样的大前提，“友好分手”就不是件困难的事。你也不用视劝退员工为畏途，因为没有过劝退经历的管理者，管理生涯都不完整。

你可以说他不适合，可以说他的行为跟你们公司所倡导的不匹配，他的业绩跟你们公司的要求不匹配，但这都不代表他不行，不代表他是个恶人。相反，你还看到了他的一些闪光点，你很珍惜你们曾经共同工作的时光，这就是尊重。当然，尊重归尊重，原则要明确，态度要明朗，你不能让他误以为还有回旋余地。

无论你是管理者还是HR，你永远要相信真诚是有力量的。你如果能让离职的员工有好的感受，那对在职的员工来讲，也会很有安全感。他们会觉得，万一有一天他们离开了团队，他们也会受到这么有情义的对待。

当你们公司做了五六年、七八年的时候，由于各种原因而离职的人会很多。如果前员工还能说你这家公司好，那就说明你们公司做得非常成功。

这一章我讲的是目标管理，讲了定目标、追过程和拿结果，为什么在最后我用了很大篇幅讲人的复盘、奖优罚劣、劝退方法呢？因为目标管理归根结底是对人的管理，目标也是靠每个员工的努力才能实现的。

第五章

有优秀的团队才能有最好的业绩

在上一章的最后，我谈到了对人的管理。大家都知道，公司的竞争是人才的竞争，如何留住人才，保持公司的核心竞争力，一直是管理者非常重视的问题。

对人才来说，除了薪酬和平台因素以外，工作环境和人际关系也会是考虑的重点。

优秀的公司无一例外都拥有一支优秀的团队，而做团队建设就是打造优秀团队的有效手段之一。

优秀团队的基础是信任

当我们提到优秀团队的时候，你会想到哪些特质？团结、凝聚、充满激情、友好相处，还有互相协作、有目标感、有担当……

优秀的团队不是乌合之众，大家有共同的目标，相互协作，彼此信赖。

优秀团队的标准

对一个真正优秀的团队，阿里巴巴是用 9 个字来概括的，我觉得特别贴切，在这里我也借用这 9 个字，那就是“一张图、一场仗、一颗心”。

先说一张图。我在讲目标管理时说过，团队成员要共创一张战略大图，这张图其实就是共同的目标，这也是大家为什么要在一起的根本原因。

阿里铁军的共同目标就是让天下没有难做的生意，为消费者创造更大的价值，为社会做出应有的贡献，承担一定的社会责任。当然，还有每个阶段的小目标，算是项目性的共同目标。

再说一场仗。共同打一场仗，那就一定要有分工。

一个球队有前锋、后卫，还有守门员，一家公司的运转更需要多部门协同作战。所有的员工都不是独立存在的，是协作共赢的。

赢什么？就是赢得一张图上的那个共同目标。

最后说一颗心。一颗心其实就是指凝聚力。

“人心齐，泰山移”，实现目标的前提就是大家凝成一颗心，彼此信任。优秀团队的建设，就是去凝聚人心，去打造一颗心，让大家可以彼此信任。

再总结一下，优秀团队的标准是什么？是一群有情有义的人在一起做有意义的事。

有情有义指的是什么？是众人一颗心，彼此相互信任。

这样的一群人通过协作实现共赢，达成有价值、有意义的目标。所以说，这个标准用“一张图、一场仗、一颗心”来概括再准确不过了。

信任的公式

关于信任的建立，我要从两个维度来讲。

第一是你作为管理者跟团队之间的信任，就是怎么样让团队能够信任你，同时你也对团队建立信任。

第二是团队成员之间建立信任。

信任建立在承诺之上，承诺别人的事你没做到，那势必影响他对你的信任。只是批评他，但不给他建设性的意见，也会影响你的信任度，他会觉得你不靠谱。

那怎么样才能建立信任呢？

其实关于信任有一个公式，表述的就是你和团队的信任关系（见图 5–1）。

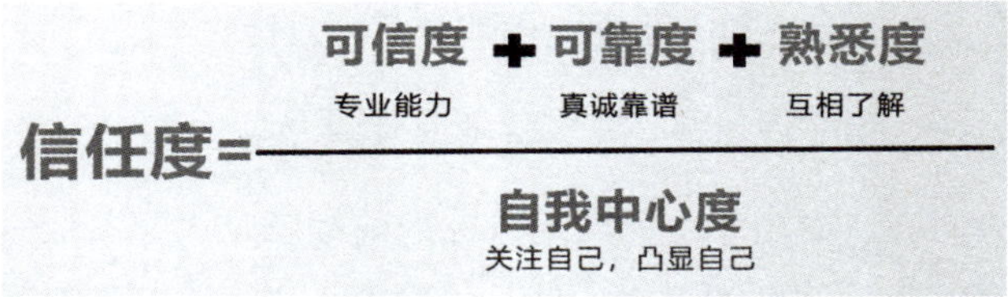

图 5–1　你和团队的信任公式

分子由可信度、可靠度和熟悉度构成，分母是自我中心度，分子与分母的比值代表一个人的信任度。

可信度一般是通过你的专业能力建立起来的。如果作为一个销售主管你不懂销售，作为一个财务经理你不懂财务，作为一个人事经理你不懂人事……就说明你的专业度不够，会影响别人对你的信任。

主管让人信服有三个层次。

第一个层次叫以权压人。“我是你的主管，你就应该听我的”，很不可一世的样子。这种是最糟糕的管理者，让所有人的心都没法凝聚。

第二个层次稍微好一点，叫以技服人。他的技能是很不错的，手下搞不定的事情他都能搞定。他若是个销售主管，能帮员工“搞定”难缠的客户；他若是技术部门主管，团队里技术方面的难点、疑点问题，有他在就不怕。也就是说他的专业可信度是非常高的。

第三个层次就是以德服人。这个“德”是指什么？在这个信任公式里，“德”就是可靠度。当我们说一个人很靠谱时，常常是和这个人的德行相关联的。

言行一致是不是靠谱？是。重诺守信是不是靠谱？是。公平公正、真诚待人，当员工犯错时，不光会指出、批评，还会提出中肯的建议，给予适时的帮助，这样的人是不是很靠谱？是。

接下来看熟悉度，顾名思义就是大家对这个主管了解的程度。那些不在本岗位、本团队晋升的人，我们叫其空降主管，大家对他们往往缺乏了解。

空降主管有两种，一种是从其他公司空降过来的，另一种是从别的团队空降到现在这个团队的。这两种情况下大家对他们都不甚了解，所以一般对新主管来说，当务之急是要提升熟悉度。

我们由信任公式可知，想提高信任度，分子要尽可能大，分母要尽可能小。要增大分子，可以从专业的可信度、做人做事的可靠度以及与团队的熟悉度上去努力；要减小分母，就要调低自我中心度。

自我中心度就是关注自己、凸显自己的程度。我们有时评价一个人，会说这个人太以自我为中心了，意思就是说他总把自己的视角、自己的原则、自己的价值观看得最重要，觉得自己是最正确的。

有些主管的原则性很强。比如，“如果你对我有意见，就要对我本人讲，如果你对别人讲，就是我不能容忍的，这是我的原则”。或者，“如果你完不成任务，我希望你能提前跟我讲，我的原则是事前来交流，而不是事后找借口”。

如果你总是把“我的原则”挂在嘴上，就不要指望别人会喜欢你。也许你会说，我的自我中心度趋近于0总行了吧？分母无限小，是不是信任度就无限大了？

其实不然，做任何事都要讲究“度”，当你完全不关注自己，分母是0的时候，请问信任度还存在吗？

如果你完全没有自己的原则，就相当于你完全听大家的，那你还算什么管理者？你不过是个“大家开心就好”的老好人。

无底线地包容，没有原则地讨好、迁就你的员工，你同样是不会被信任的。

所以说，自我中心度一定要有，但一定不能让它太高。

“我怎么看的，我怎么想的，我认为你是怎样的……”，当你不断在强调“我”的时候，可能就是你的自我中心度太高了，你的团队对你的信任度必定会降低。

自我中心度太高还有一种表现，就是把自己的名誉和利益放在第一位，遇事没担当。

“团队做得好是我领导有方，是我的功劳；团队做错了，是他们没有领会我的意图，没有执行好我的策略，那是他们的问题。”这种“甩锅”型主管根本不能让员工心服口服，更不要说信任了。

团队建设四段论

你作为一个管理者，在面对团队，尤其是面对一个新团队时，建立信任是最重要的第一步，是你能否顺利开展工作的前提。而建立信任是有技巧的，适当学一些理论知识，接受他人的经验分享，可以指引你的行动，使你的工作更见成效。

我们将团队建设概括一下，就是四段论——破冰、建公约、互关怀、共承担。下面我用一个案例给大家解析一下这个过程。

团队背景：你是空降过来的新晋销售主管，带领一支10人的老团队，其中有3人是入职3 ~ 6个月的新员工，4人是入职1年的员工，2人是入职3年以上的老员工，1人是入职5年以上的老员工。这个团队之前的业绩不是很好，属于中等偏下，人员能力参差不齐。

上级期待：你已经从你的上级那里得到了明确的期望，他希望你能尽快改变团队整体信心不足的局面，带领团队提升业绩。

主要挑战：对于你来说，从一线销售员转变为管理者，是比较大的挑战，工作节奏也很紧张，属于“开着飞机换引擎”。

那么，你将从哪里入手？接下来几节中我好好分析一下。

破冰：打开局面靠信任

有一句俗话叫“做熟不做生”，因为人人都有趋利避害的本能，陌生的环境意味着挑战。

的确，当你接管一个陌生的团队时，方方面面的挑战就在等着你了。那么，如何打开局面顺利开展工作？也就是我们所说的破冰该从哪儿做起呢？

谈话的技巧

案例中作为空降主管的你，首先要做的事情是什么？

明确目标，按目标梳理部门结构，明确岗位职能，看一下过往每个人的业绩情况，找个别人谈话，搞团建，让成员互相打开心扉，彼此建立信任，然后定团队目标、个人目标……这些都是要做的事，但应该梳理出优先级。

要不先一起出去做一次团建？

别忘了你是空降到这个团队的，这是个 10 人的老团队，他们彼此很熟悉，但对你是不熟悉的。你一开始就带着他们出去做一对多的团建，大家不了解你的风格、底线，会不会放不开，搞得很尴尬？这么做确实有点冒险。

那先定目标，根据每个人的岗位去跟他们谈个人目标？

你想，你对他们的性格、特长、业务能力一无所知，他们对你的领导能力、处事风格也一无所知，你依据什么来定目标？定下的目标又怎么能让他们心服口服呢？一旦你定的目标实现不了，你的威信又如何建立呢？又会给后续管理带来多少麻烦呢？

要不先以技服人？不是说提高专业度可以增加信任度吗？那就先给他们露一手。

比如，你对某个员工说："我刚听到你给客户打电话，我觉得你的话术有问题，下面我来打一个，你听一听。"然后你以丰富的实战经验，给他做了很好的示范，顺利"拿下"了客户。结果呢？你是不是觉得大家都应该称赞"哇！你好牛！"然后就任劳任怨听你指挥了？

其实不是。这本来就是一个信心不足、业绩一般的团队，在互不了解的情况下，你这么强势地开局，只会激起员工的抵触心理，他们会觉得，"我们都不行，你行你上吧"。结果他们"摆烂"了，你怎么办？

以上这些都是"硬着陆"的方式。良好的开端是成功的一半，你输了开局，以后就要花更多的时间去弥补。那该怎么做呢？

我在前面说过，信任公式里的分子包含了三个度：专业技能的可信度、为人处世的可靠度，还有一个是成员间的熟悉度。你作为空降过来的管理者，应该先从哪个度开始呢？是不是要从熟悉度开始？

这是一个老团队，成员之间应该是不陌生的，唯一的陌生人是你。所以，首先要解决的是你与团队的熟悉度问题，也就是说你这个主管先要去了解团队里的每个人，这个团队的成员也很需要了解你这个主管，了解你这个人跟以前的主管有什么不一样，了解你的能力、你的底线、你的风格、你的喜好。

了解从哪里开始呢？我在前面说了，搞团建不合适，那就从一对一谈话开始。找 10 个人谈话总归要分个先后，你要先跟谁谈呢？

重点来了，请大家记住，谈话要从有影响力的人入手。团队里不是有一个 5 年以上的老员工吗？就先从这个人开始谈。

谈话之前你要准备些什么？

作为管理者，你真的需要懂一点心理学。谈话时，如果开口就问“你是哪个学校毕业的？你在这家公司的哪几个岗位做过？”你以为自己很“亲民”、很随和，对方只会觉得你太不用心了，要知道被了解、被重视是每个人潜意识里的需求。

你可以从很多渠道预先了解他，比如看他的简历，看他过往的业绩，从业绩数据中可以分析出他的长处是什么、短板是什么。你还可以从他的前任主管那里了解他，他的业务能力怎么样，工作态度好不好，人际关系融洽不融洽。但是请记住，前任对他的评价只能作为参考，比如前任说这个人是个老油条，你不能说，“完了，这人废了”。

请记住，不要先入为主，不要贴标签，你最多是为此多准备一些谈话策略罢了。

跟老员工谈的时候，不妨先聊聊日常，不经意间流露出你对他的了解，然后问问他对这个团队的看法。你可以说：“我看你在这里待的时间是最长的了，我刚接手，对这个团队还不了解，想通过你来更多地了解一下。”然后请他说一下这个团队最大的优势是什么，并举出例子。你再问：“这个团队最弱的地方是什么？最大的问题是什么？你希望这个团队怎么发展？你觉得主管该怎么做？”

当你把他当自己的参谋一样看待时，他会觉得自己受到了重视。没人会不喜欢这样的感觉，你很快就会发现，他愿意承担这样的角色，你们的谈话会越来越顺畅。

这时你一定不要忘了，你也要对他交底，因为最好的沟通就是相互聆听。说说你的经历、你的性格，以前的同事是怎么评价你的优缺点的，让他也了解你。

接下来你也可以坦诚地讲：“我要把这个团队带上一个新台阶，我们团队从总体业绩上看，现在是中等偏下，但是我从数据上看，维护老客户是我们团队的强项，拜访量也不错，说明基础还是不错的。”

就是说，在这个老员工面前，你一定要肯定这个团队，要对团队有信心。

当然，谈完团队以后，你还要跟他谈谈他个人，听听他对自己职业发展的想法。作为老员工，有可能他也想晋升，你空降到这个团队，他心里会不舒服，觉得机会被你这个外来者抢走了，所以，你还得听听他的想法。

如果他确实有往管理方面发展的想法，你可以告诉他：“这个我记下来了，接下来我会关注的，看你还需要在哪些方面提升，我到时候会看看怎么样能帮到你。”总之，就是要让他觉得，你过来不会成为他职业道路上的阻碍，反而会成为他的助力，会带着他成长。

我以前在接手一个团队的时候，就是这样做的。谈过之后，这个老员工很好地协助了我的工作，后来成为我的一个副手，非常得力。

对每一个老员工都按照这样的方式去谈，就是谈团队、谈你自己，再谈谈他个人。你要表现出对他的重视，你希望他能给你提供一些帮助，让你更快地融入这个团队，你也会带着他、带着大家一起成长和进步。

按照入职时间的早晚，跟入职 1 年的员工也谈完以后，就开始跟那 3 个新人谈话。

新人入职时间不长，你尽量从新人的视角去问问题。比如，“你进入团队以后遇到的最大困难是什么？身边的同事有没有帮到你？主管是怎么做的？你的请教有没有得到回应？ 3 个月下来，你自己有没有得到专业能力的提升？你觉得这个团队的氛围怎么样？你希望有哪些方面能改进？”

团建的技巧

当一对一的谈话都结束后，相信你对团队有大概的了解了，也就是完成了提高熟悉度的第一步，下一步就是团队的交流。是不是可以马上把大家拉出去搞团建了呢？不，你还需要做一下准备。

你要把几个老员工，尤其是有威望的老员工召集起来，沟通一下。你先提议：“咱们选个时间搞一次团建吧，让大家了解我一下，大家也互相交流一下。今天就请你们几个出出主意，看怎么搞比较好。”

几个人你一言我一语，方案出来后就让他们自己认领任务，放手让他们去做。从策划到执行都是他们在做，他们就会感受到被信任、被重视。

你想想看，如果你一个外来者带着 10 个人去团建，大家可能会有防备心，但如果是你加上 3 个老员工，就是 4 个人带 7 个人，是不是要容易得多？而且这 3 个人因为参与了策划，配合度更高，其他人一看老员工都这么积极地捧场，都这么给新领导面子，是不是更容易接纳你，更容易放开自己？这个时候就可以称得上你与团队破冰了。

在破冰会上，你还需要做的是，把在前面谈话过程中收集到的大家身上的闪光点不着痕迹地点出来，目的就是能够达成共识，大家突然发现每个人其实都是非常有才的，这个团队完全是藏龙卧虎嘛。

以前公司一开总结会，这个团队就有耻辱感，其实大家是可以做得更好的，这就把话题转到讨论团队建设的问题上了——到底是什么原因阻碍了团队做得更好？大家怎么样才能做得更好呢？

这时候，你就会发现整个团队的自尊心和积极性都被你激发出来了——我们也要扬眉吐气，只要我们劲儿往一处使，就一定能把这个团队做好。这才是一个建立信任的好开端。

建公约：大家一起来约定

做完团建之后，你与员工的关系就会拉近不少，你再给大家灌输理念、设立公约就有了信任基础。

在优秀团队中才能提拔干部

你要灌输的第一个理念就是在优秀团队中才能够提拔干部。一家真正优秀的公司选拔人才应该唯才是用，老员工靠资历是混不到管理层的。

你为什么会空降过来？因为这个团队原来的业绩不理想，而公司是绝不会从差的团队中提拔干部的，不管团队成员的个人业绩多优秀，都只能缓一缓，一定要等这个团队成功了，才能从中提拔干部。

这样一来，大家对你的抵触是不是减少了一些？他们就会明白，只有让团队成功，个人才会成功。就像一支球队，只有让球队赢球了，才能让球星诞生。你去看看世界足球先生，哪一个是来自十八线球队的？

树立了正确的观念，摒除了杂念，团队有了一鼓作气的勇气，大家的荣誉感被你激发出来了，被团队的一张图激发出来了，当一颗颗心凝聚起来的时候，你就知道接下来该怎么分解目标了。

慢渗透，定标准

现在你去分解目标，去提策略，只要是为了让这个团队获得更好的业绩，大家从心理上就不会排斥了。最怕的是什么？最怕的就是团队的方向不一致，大家的心不在一起，不是人人都想让团队更好，有人觉得，这个团队就这样了——那你就比较麻烦了。

现在思想统一了，你就要着手分解目标了。

我在前面讲目标管理时，讲过共创一张表的概念和优势。

如果团队目标也经历了你们共创的过程，那你在分解目标时就会容易很多。

如果在你空降过来时，团队目标已经定下了，那你要做的就是把目标分解到个人身上。这时候，你就会发现，你前面的破冰工作做得越踏实，对员工了解得越充分，你分解目标时心里就越有底。

怎么分解目标是上一章的话题，这里我们重点谈谈怎样围绕着目标建公约，营造良好的作战氛围。

建公约就是定标准。公约之所以称为公约，就是大家要一起来约定，所以你千万不要搞一言堂。

“我的原则是 ×××”“我希望这个团队的标准是 ×××”，类似这些话是很多管理者喜欢挂在嘴边的。

以前我曾经给一家有 100 多人的公司做咨询顾问，他们市场部的总监就是空降过来的。他原来是销售部的总监，因为他了解业务，就被调到了市场部。

之前他在销售部时挺看不惯这些市场部的人，觉得他们一天到晚闭门造车，天天搞什么数据分析，净做那些对销售没什么促进作用的所谓的策划。所以，等他终于有机会亲自来管理这个部门时，他决定第一天就要给他们定标准、立规矩。

他说："我这个人一向是以结果为导向的，凡是不利于团队、不利于公司拿结果的动作都叫假动作。"然后他就把之前他痛恨的"假动作"都列了出来，比如，自己闷头做数据分析，不走到业务前线听销售员和客户的声音……一口气说出了市场部的"十宗罪"。

接着依据这"十宗罪"制定了规则，给出了解决方案。比如，怎样走到业务前线听销售员的声音，怎样了解客户、听客户的声音。他定了一个规则，市场部人员每周至少要去客户那儿几次，跟着销售员去拜访几次。

他的想法对吗？当然对，市场部确实要了解业务，了解客户。他的做法对吗？明显不对。

在他的脑子里，没有"公约"这个概念，他的自我中心度太高了。当他不断地强调他的原则、他的规定就是这个团队的工作标准时，按照信任公式，他的信任度就在不断地降低。

一个能力再强的人，不遵循逻辑规律做事，也不可能顺风顺水。他的这些所谓标准不得人心，就注定很难落实下去。

所以，公约一定要大家一起来制定。

你可能会说，我做了这么多年管理，我比他们有理论、有经验，制定标准得心应手，他们怎么可能做得到呢？

这其实是最能考验你领导能力的时候。一个真正有经验的主管善于借助他人之口说出自己的想法，那他靠的是什么？靠的是巧妙引导、慢慢渗透。

慢慢渗透，换言之就是“洗脑”，虽然有点不好听，但真的有效。你要身体力行、以身作则，还可以通过老员工、意见领袖或者一件件事情，让你多年的经验、教训和学习来的理念一点一点地渗透到员工的心里，而绝不能强推。这样在制定公约、制定标准时，你们的理念就会相符，分歧就会减少。

那么，定什么标准呢？

做事情的标准，比如，什么是及格，什么是挑战，什么是梦想线，等等。还有主管的标准、业绩明星的标准。另外，还有一些做人的标准，比如说诚信团队协作的标准、团队价值观的标准。

这里要强调两点：一是无论什么标准、什么目标，一般都会有相应的激励政策，你作为一个新主管，一开始最好不要轻易惩罚，要多给予正向的激励。二是不管你的目标定得怎么样，一定要言出必行。有些主管十分随意，自己定的目标，看到那么多人都完成了，就觉得定得太低了，就想把目标调高一点。这种做法很危险，破坏了约定，就失去了信任。

互关怀：视人为人

作为一个空降主管，团队建设走到这一步，可以说你已经实现了软着陆，你的队员接纳了你，你们有了共同的目标和理念。下一步你要做什么呢？当然是追过程、拿结果了。

在这些过程中，你是不是要始终保持队伍的高度团结，维持大家的凝聚力？

其实做到这些说难也不难，最有力也最有效的手段就是真诚待人。在这个团队里你一定要真诚，你要视人为人。你们虽然不是一家人，但可以视作一家人，有喜悦共分享，有困难共承担，营造一种家一般的氛围。在这里我想介绍一下阿里巴巴的做法。

阿里家书的写法

每年春节临近，阿里巴巴的员工都会给自己最重要的人送一份特殊的礼物——阿里家书。

春节家书作为阿里巴巴的一项企业文化，一开始就很人性化。家书既可以寄给亲友，也可以寄给客户。公司的每一个员工，不管是保洁阿姨还是保安，都能收到公司特意为自己准备的一个家书礼包，甚至离职的员工也能收到——当然，被公司辞退的员工肯定是收不到的。

这份家书礼包里面有什么呢？一般来讲有这么几样东西：

第一是一封家书，一般是两张 A4 纸写满，写得有情有义；第二是一副对联和阿里巴巴特制的小礼物（一般每年都会有一个公仔，虎年是虎公仔，龙年是龙公仔）；第三是一本书，书里写的是过去一年发生在阿里巴巴员工身上的一些符合公司价值观的故事。

这封家书上会写什么呢？

一般第一部分是讲阿里巴巴过去一年所取得的成绩，以及承担的社会责任；第二部分是展望未来，就是明年还会去做哪些事，想去实现什么样的目标，还要去承担一些什么社会责任；第三部分是感谢员工的家属，因为有他们的支持，员工才能够全力以赴地投入工作；第四部分是领导署名。

这就是阿里家书，我觉得这是一个特别棒的创意。事实上我们还可以把它做得更个性化一些，而且很多团队已经这样做了。

比如说，我从做主管开始，到后来做经理，再做大区总经理、人力资源负责人，我都要求自己所负责的团队成员写个性化的家书，就是想通过这种人文关怀，让员工感受到公司的文化，这种文化是能够带给他们一些美好、一些温暖的。

个性化的家书怎么写呢？主管一般都会带 5 ~ 10 个人，我要求每个主管给员工写的家书都不一样，而且能够手写就不要打印，除非字写得实在太差了，怕人家认不出来。

个性化的家书就不用详细罗列公司的业绩了，重点要汇报这个员工的成绩。

比如说，你有个员工叫刘学文，那为他准备的家书你可以这样写：

刘学文的爸爸妈妈：

你们好！

在过去的一年里，你们的孩子刘学文在工作上取得了飞跃式的进步，他去年完成了120万元的销售任务，今年竟然做到了200万元！这是他从未达到的高点，在公司里他名列前茅。

在业绩的背后，我们看到了他的成长，很高兴与你们一起分享。

第一个是他的抗压能力更强了，以前一个客户毁了他的单，他会沮丧很久，但现在他不会了。他会不断地用积极的思维激励自己，告诉自己下一个客户才是他真正的客户。正因为如此，他才发展了更多的客户，取得了骄人的业绩。

第二个是他个性上有了很大的改变，原来他的性格比较内向，但现在已经开始张扬自己的个性了，能够把自己最真实的一面表现出来，让客户能够对他更加信任，而没有了距离感。

他现在已经成为我们团队的骨干。每当拿下一个很难拿下的客户时，他都会及时总结经验，让好的方法固化下来，并在团队里无私地分享出来，这样既帮助了很多新人，也使自己持续地保持优秀。

我们感谢他，也对他的未来充满信心。

……

你看，不需要华丽的辞藻，只要你有“视人为人”的思维，只要你真正关心你的员工，你就一定能找到他的优点，一定能写出让家属感动的家书。

每个人都不一样，有的人可能业绩不够好，但他的性格或者价值观很好。总之，一个人不可能一无是处。如果他真的一无是处，你怎么还会把他留在公司里？

所以，如果他的业绩上没有亮点，可以写他在团队建设上的贡献。比如说，今年他为团队策划过两次团建，因为他的策划，大家彻底打开了心扉，彼此的感情再次得到了升华，团队的凝聚力再次得到了提升。大家对他的组织能力、他做事的用心程度都给予了高度评价。

如果他的组织能力也一般呢？我告诉你，只要你有心，总能找得到优点。

比如说，我们团队里曾有一个人，他的业绩一般，其他方面也不出色，但他有一个特长，就是街舞跳得特别好。每到周五的时候，他都会带着我们团队一起去健身房跳街舞，痛痛快快地流一次汗。大家很开心，每到周五就期待着跟他一起去跳舞。

这算不算他的成绩、他的优点？给大家带来那么多快乐和感动，还锻炼了身体，当然算，当然要写上去。

写完了成绩，第二部分是写他的新年目标。

刘学文给自己定的目标是明年的销售额要达到 300 万元，他只要做到了 300 万元，就可以实现自己买房、买车的梦想，离主管的位置也更近了一步。你要把他这个目标背后的意义写出来，接着讲要获得这么好的业绩，在工作上的投入可能会更多。

接下来自然就过渡到了第三部分——感恩。

刘学文在工作上投入的精力会更多，时间可能也会更长，所以需要他父母更多的支持和理解。你要说明白，他们的孩子给自己定的更宏伟的目标，不只是想要自己获得成功，也想为家庭承担更大的责任。你的团队能够取得今天的成绩，跟家属的支持是分不开的，你作为一个主管要感谢他们。

这些很感性的话，你一定要写上去。你不要觉得这些话很官方化、很俗气，当这些话跟他们的孩子相关时，他们肯定不会嫌弃，何况这都是你发自内心的表达。

家书的重头戏就是这封个性化的信，除此之外你还要放一些照片。当然主要是放刘学文高光时刻的照片，比如他获奖的照片、拜访客户的照片、分享经验的照片，还有他跟团队成员在一起做团建的照片，你平时要注意积累这种素材。

照片除了他个人的，还要放几张团队的。作为家长，他们也很想知道，他的孩子是在跟一群什么样的人一起工作，要让他们看到整个团队的精神风貌。

接着就是送礼物。我们的礼物也是每个人都不一样的。

我们每年会把团建费留一部分，用于年底给员工寄家书、送礼物。礼物一般都在200元以内，价格不重要，关键是要送他们需要的东西。

比如说，我们之前有一个员工来自湖南农村，他有哥有姐，他是家里唯一一个走出大山的男孩。

从平时的交流里，我们知道他的家境不好，父亲是那种很淳朴、很节约的农民。他进入阿里巴巴这样的公司，月入过万，在村子里面肯定算是高收入了。

他很节俭也很懂事，每个月花的钱真的很少，拿到的工资大部分都寄给父母了。但他父母一分钱都没用，全部给他存起来了，说是要给他留着娶妻用。

他觉得寄钱回去父母又不用，不如买点东西给他们。有一年他就特地到海宁皮革城买了一件山羊皮的皮衣，好几百元钱呢，不算便宜，买好就寄给了他的父亲。

回家过年时，父亲跟他说："你花这个钱干吗呢？我们农村的人每天下地干活，哪穿得着这种高级衣服？"一边说他不该花钱，一边对皮衣爱不释手。

皮衣被他父亲当宝贝放在衣柜里，一年就穿那么一两次，要么是拜年的时候，要么是家里有重要客人的时候。

我们听他讲这个故事的时候，内心很受触动，所以那一年过年前，我们给他父亲寄的礼物是一双雪地靴，因为湖南农村的冬天很冷。

父亲收到后就打电话给他说："你怎么又破费啊？又买了这么好的鞋子，我也用不上啊。"儿子马上反应过来，说："你这双鞋子应该是我的主管寄的，是公司送的。"

他父亲沉默了很久，然后说："你们公司真好，孩子，你好好干。"

所以说，礼物的价格不重要，重要的是能体现你在意他家人的需求，体现你对他的尊重、对他的关怀。

每个人都有被尊重的需求。通过家书，在员工的家人面前肯定他，员工会有一种极大的满足感，进而把这种满足感转化为工作的动力。我们经常说带团队其实是在研究人性，这就是人性。

母亲节的电话

除了一封家书，我们有的时候还会做父亲节、母亲节、儿童节、感恩节之类的活动。

有一年，我们团队就准备做一次母亲节的活动当作团建，成立了一个策划委员会，大家一起来策划。

最后决定，以主管为单位，每一个主管都给自己员工的妈妈打电话。我们是下午 6 点下班，母亲节那天的下午 6 点半，大家统一回到公司，来给他们的妈妈过母亲节。

我担心的是，我的团队里面有四个员工没有妈妈，他们年纪很轻就已经没有妈妈了，他们参加这个活动，不会触景伤情吗？可我们也不能因此就不搞这样的活动，于是我决定征求一下他们的意见。

我就和这些员工一个个沟通，说："你家里的情况我也知道，你可以选择不参加，无论你做什么样的决定，我都是支持你的。"

没有想到的是，这四个已经没有妈妈的员工全部选择了参加，其中有两个员工的话还给我留下了很深的印象。

第一个员工说："我们团队给每一个队友的妈妈打电话，我很想借着这个机会了解一下队友的妈妈是什么样子的。大家平时感情都很好，队友的妈妈，也是我们的妈妈，我也想跟队友一起问候妈妈。"

第二个员工说："你们也不用顾虑那么多，其实这么多年我爸爸又当爸又当妈，把我们姐弟几个人照顾得很好。今天是母亲节，我要让我爸爸也过母亲节。"

听了他们的话，我的眼眶都湿了，当时就觉得这些孩子真是太懂事了，太知道感恩了。

到了晚上6点半，每个同事都回来了，一个主管有10个左右的员工，主管开始给一个个妈妈打电话。

这些妈妈是我们事先约好的，我们让她们6点半到7点半这个时间段一定要守在电话机旁，这样可以确保接到电话的是妈妈。

比如，员工小婷拨通了电话，她是这样跟她妈妈说的："妈妈，今天是母亲节，我和我的团队要给您过一个难忘的母亲节。"然后她说，"现在我的主管想跟您说几句话。"

主管就接过电话，说："小婷妈妈您好，您家小婷现在在我们这个团队，趁着这个母亲节，我特别想跟您好好地说一下，小婷真的是我们团队里非常有影响力的人呢。她为我们团队策划了很多活动，做过多次分享，还带了两个徒弟，这两个徒弟现在已经有了优秀的业绩。这可是您女儿带出来的哦，她是不是很了不起？"然后与家书一样，主管告诉小婷妈妈孩子的一些优秀表现，只讲优点，不讲缺点。

接下来，主管还跟小婷妈妈说："今天是母亲节，母亲节是您跟您孩子的节日，我现在就把电话给您的孩子，她有话跟您说。"

那么这个时候小婷到底说什么呢？我们之前交代过，肯定不能说"节日快乐"这么几个字就完事了，"节日快乐"当然要讲，但是要放在最后讲。

我们要求她一定要说出最想感谢她妈妈什么，千万不要说得很空泛，比如，"感谢您把我养大，感谢您供我上大学"。一定要想想妈妈让她印象最深的是什么。也许是妈妈影响了她的价值观，或者是她人生路上需要助力时妈妈给了她力量，她一定要找出来，表达出来。

她按照我们的要求，非常真诚地感谢了妈妈。

又如，我们有一个员工是陕西人，他当时就跟妈妈说："妈妈，你知道吗，最让我难忘的事情就是我读高中时，每个星期天返校，同学们都会从家里带一些好吃的回来，咱们家比较穷，我每次带回来的都是你亲手给我烙的饼，是够我吃上一个星期的干粮。我觉得那是世界上最好吃的饼，天天吃我都吃不腻。

"我记得有一天天还没亮，我睡眼蒙眬地醒来，就看见你已经起来给我烙饼了。看着你的背影，当时我的眼泪夺眶而出。

"妈妈，你知道吗，我当时就很想走过去抱着你，对你说'妈妈，我爱你，你是世界上最伟大的妈妈'。我当时心里就是这么想的，但我没有这样做，我那时不善于表达爱。

"我觉得你不能给我很多钱，也不能像其他同学的妈妈那样给我买很多营养品、零食，你只能给我烙饼，但正是吃了你的饼，才让我长成了现在这样。

"即使我现在一月能赚一两万元，我依然很勤俭，不会乱花一分钱，我能够坐公交车就绝对不会打车……"

大家听着听着，眼眶都红了。他妈妈在那边哽咽了，他自己也哽咽了。

我们听了他的讲述，就觉得虽然我们有时候觉得自家的生活不是太好，但就在我们身边，还有很多队友比我们更不容易，他们能做出今天的成绩，应该付出了更多的努力。这也让大家加深了对身边队友的了解。

这个时候主管把电话拿过来，说：“××妈妈，您给孩子留下了非常多宝贵的东西，他真的很感谢您。嗯，您有没有什么话想对您的孩子讲？”

等到妈妈说完话之后，接下来他一定要跟她说这五个字：“妈妈，我爱你”。中国的孩子普遍不善于说这几个字，但在那个场合，虽然有那么多人在场，你会发现他可以把这几个字说得非常自然、深情。

这项活动的最后，是我们把电话按成免提模式，身边所有的同事都一起对着电话那头说：“妈妈，我们爱您，祝您母亲节快乐，永远健康！”

当然，我们在母亲节除了问候，还有一件事：如果你与你的妈妈有过误会或者闹得不愉快，希望能借着这个母亲节释怀。

记得有个团队的主管告诉我，他有一个员工，跟他妈妈打电话时就谈到了不愉快的问题。

他说：“妈妈，你知道吗，我曾经很恨你，因为你太强势了，家里的每件事情都必须由你来决定，你觉得我们都是不能自己做决定的。高考填志愿时，我跟你讲过，我想学计算机，我只对理科、计算机有兴趣，但你非要让我去学什么设计。其实我对那个真没有感觉，我根本就没有艺术细胞，你非要我学工程建筑设计，说学那个以后好找工作。

“我拗不过你，大学4年我过得很痛苦，感觉不知道自己学了什么，每天就是为了混及格，让自己毕业。你知道吗，我痛苦的时候，就很恨你。大学4年的暑假我经常不回家，骗你说有社会实践。我宁可到同学家里去过暑假，也不想回家。

“毕业后，我发现学了设计也不像你说的那样好找工作，最后没办法我才做了销售。但你是最不希望我做销售的，因为你说做生意是天天拿热脸贴人家冷屁股。你最不想让我做这个，但是我偏偏就做了。起初不是因为我喜欢做，而是我终于做了一件让你最不高兴的事。但做久了以后，我才知道其实大学里面学什么根本不重要，重要的是要有好的品质。今天我在销售这个岗位上做得还不错，并且坚持下来了，我觉得我身上有很多很好的品质，而这些品质恰恰是我们的家庭给我的，是你跟爸爸起早贪黑为家里打拼的精神影响了我。我也真正体会了赚钱的不容易，知道你为什么希望我成为一个设计师。你自己做生意吃了太多的苦，你不喜欢我去做求人的工作，而是希望我能过上比你更好的生活。

“今天是母亲节，我很想对你说：‘妈妈，谢谢你，我已经不恨你了，反而很感激你。’我还想说：‘对不起妈妈，大学 4 年我没有多花时间陪伴你，工作以后才知道，原来陪伴父母的时间只会越来越少……’”

电话那头的妈妈平复了好一阵情绪，才哽咽着说了一句“孩子，对不起”，他“哇”的一声就哭了。因为在他的记忆里，强势的妈妈从来没有向谁道过歉。

公司的文化不仅让他放下了对妈妈的成见，还改变了妈妈偏执的心态，拉近了他们的心。

前面分享这几个团建活动，是想告诉大家，成功的团建不仅要深入员工的心，还要深入员工家属的心。成功的团建一定会让员工跟团队黏合得更紧，员工与员工之间的信任更加牢固。

团建要走心

有很多时候，就是在这一声笑一声哭中拉近了人与人之间的距离。当一个有血有肉有情感的人向你袒露内心的时候，你会发现在父母面前每个人都是宝贝，每个家庭都会有一些不愉快的经历，每个人都有脆弱的瞬间。

只要你引领得好，在团队里，大家都可以这样很真实地相处。

所以，这种活动结束之后，我一般都会做复盘。

比如说，母亲节活动结束后，我们做复盘的时候，员工们都说很感动，首先是被主管感动了——“没想到主管是这么看待我的，对我这么认可。我自己都不记得的一些很细小的事情，主管竟然能记得这么清楚，还跟我妈妈说出来，让我好感动”。

其次，许多员工觉得，通过这次团建，他们对一些同事有了与以往不一样的看法，“原先非常强势、非常主观的人，在和自己妈妈通话时竟是那样真诚、亲切，也让我了解到他有和我相似的家庭背景……”。

你们看，一次成功的团建活动是不是把同事与同事之间的距离拉近了？

一些主管复盘后，半开玩笑地说：“这次团建后，我觉得自己身上的责任真的好重，自己带的不是10个员工，而是10个家庭呢。”假如你亲耳听到了人家父母的期待和嘱托，你就明白，你影响的可能不是一个人，而是一个家庭。

也确实如此，你看主管们在接了那些妈妈的电话后，记录下来的都是什么呢？密密麻麻的，都是妈妈们的殷殷母爱：让我的孩子少喝酒，少吃辛辣的东西，因为他胃不好；我的孩子性格内向，希望能帮他介绍个女朋友……

主管们从这些嘱托中知道了什么叫“视人为人”，他们真的看到了一个个鲜活的个体，这些员工并不是原先他们眼中那些势利的“标签”，“这个是销售冠军，那个是落后分子……”这些人都是妈妈眼里的宝贝，或是家里的顶梁柱，所以，主管们就会对自己的这份责任充满敬畏。

通过复盘，我们更能深刻地感受到走心团建给团队从上到下带来的诸多改变。跟大家分享这些，也是希望管理者能明白，团建的形式可以多种多样，重要的是走心。

走心的团建会让你的团队出现很大的变化，你只要真诚地去待人，你的员工就一定能感受得到，你们团队的氛围就会因此而改变。

当人用心的时候，大脑才会创造。当心里没有负担的时候，大脑的创造力最强。

当你想让员工有执行力，对待目标不阳奉阴违时，你不能去限制他，不能总想着奖罚——他做到了你就奖他，他做不到你就罚他——这些指挥人的手段，否则你貌似走了最近的路，但其实走了最难的一条路。

你应该怎么做呢？你可以从打动他的心开始，让他的心和团队的心一起跳动，他的心会指挥他的大脑，他的大脑会指挥他的手脚，他的手脚会为你的团队创造出无限的可能。

共承担：相互信赖，相互成就

我们狠抓团队建设，目的就是打造一颗心的团队，真正做到力出一孔、利出一孔，最终实现共赢。

大家要共赢是一张图上的目标，团队每个人都肩负着一份责任。你作为主管，理应担下最重的担子，要为团队把控方向，调控节奏，要做到奖罚分明。

在这里我再强调一下，你必须始终让大家信服你，让大家有归属感，愿意与你一起面对所有的困难和挑战。

拉近距离

了解与信任是相辅相成的关系，因为了解才会产生信任，产生信任之后员工会更愿意了解你。拉近你与员工的距离有个很简单的办法，就是扩大自己的“公开象限”，减小自己的“隐私象限”。

有的管理者喜欢“端着”，“我是来工作的，又不是来八卦的，有必要扯些家长里短吗？”我认为，在工作当中还真的要谈点生活。

比如说，你中午和同事一起吃午餐的时候，就别总问工作了。

你完全可以和新婚同事谈夫妻相处之道，跟一个当妈妈的员工分享一下你教育孩子的心得。聊这些会让同事们更加了解生活中的你，而不只是工作中的你。

有人说，“我不想说生活的事，那都是私事，有必要谈吗？”你当然可以不谈，但这样确实会让你跟员工之间隔了一层，会让他们觉得不是太了解你，和你亲近不起来。

有距离对你的管理有什么不好的影响？就是你很难走进员工的心里，他当然也不太会跟你交心。当你不了解员工的时候，想去激励他挺难的，因为你不知道他想要什么、避讳什么。

前面说过，我之所以能做那些走心的团建，是因为我了解员工。家书我知道应该怎么写，我不是临时编的，因为我平时真的在用心观察。我知道送什么礼物不贵，但一定会打动对方。

如果你跟员工之间没有这样的信任，你突然间说：“过几天是母亲节，我想给你妈妈打个电话。”人家会吓一跳，心想：“老板，你想干吗？干吗要我家里电话？”你会发现有些员工不愿意给你，你想感动他，他却不愿意配合，他觉得你已经侵犯了他的隐私。

当员工拒绝做这样的团建时，你要明白，你操之过急了。你跟员工之间连最基本的信任都还没建立起来，更不可能把信任再延伸到他的家里去。

建立信任要一步步来，先不说家属，至少要到员工这一层吧？跟员工经常像朋友一样聊聊天，不只是谈工作，还可以谈谈人生、谈谈生活。有些主管被自己年轻的员工视为思想导师，不得不说，这是一件非常有成就感的事。

学会示弱

取得团队信任的一个小窍门就是在员工面前适当示弱。

什么叫适当示弱？就是当你做错事的时候，不要回避这个问题，不要沉默，一定要认错，别找理由，错了就是错了。

比如说，今天你的激励士气的计划出了问题，你就可以明确地说："这是我的问题，我当时太一厢情愿了，没有听大家的真实反馈，这是我决策的失误。"

敢于承认自己的问题，诚恳面对自己的失误，如果你能够做到这些，员工反而会觉得你是个真正有自信、有担当的人。有担当，又坦诚，这样的主管谁会不信任呢？

休戚与共，携手共赢

无论你是刚空降过来，还是一直带领老团队，身先士卒、为人表率都是你应尽的职责。

当目标分解完毕后，你就天天稳坐帐中看数据、看报表，嘴里为他们喊着"加油、加油"——这样子是不行的。

团队里无论谁遇到难题，你都需要及时了解清楚，必要时你要帮着去搞定。初进团队时更要这么做。你一定要上得来下得去，上得来就是能制定策略、凝聚人心，下得去就是你能够跟你的员工打成一片，能帮助员工搞定他解决不了的难题。你帮他解决完以后，一定要辅导他，告诉他以后遇到这类问题要怎么做，把你做成这件事的方法教给他。

记住正确的顺序：刚开始是你做，然后是你教，接下来才是你授权。刚开始，你一定要做给他看。你不做而直接教，他是不会信你的。你到底有几把刷子他都不知道，不如让他验证一下，心服口服。做完以后你再教，教完以后你再授权。

这么做，一是有利于提升你的专业可信度，二是让他知道，遇到困难和挑战时，你会和他一起面对。

专业度用在谁身上更容易建立起你的信任度？是用在老人身上，还是用在新人身上？

一定是用在新人身上。新人是最需要方法的，当他遇到难题时，你的出现就是及时雨，他一点都不会排斥你的方法。

而老人则不一定了，很多老人都会有经验主义的毛病，他们要的是你的信任和空间。如果这个老人不是很差，只要你激发了他的主观能动性，让他从心里认可你、喜欢你，他是完全可以自己做好的。

所以，你用你的方法来教新人，新人在你的悉心培养下，原来不会开发的东西，现在会开发了，原来一个月就签 10 个合同，现在变成了 15 个、20 个合同，业绩噌噌噌上去了，你在这个团队中的信任度就提升了。

在前面那个案例里，你如果这样做了，三个新人对你绝对忠心耿耿。其他人也一样，比如说那四个入职一年的员工，他们也会遇到难一点问题。他们解决不了，你去帮他们解决了，他们也会信服你。他们会想："他为什么能成为我们的主管？因为他专业能力强。"

即使不那么需要你专业指导的几个老人，也会把这一切看在眼里，他们知道你是个会和他们同甘共苦的主管，是个靠得住的人。

反过来，员工也要做靠得住的人，要有良好的职业素养，其中就包括要有责任感。

每做一件事情，一定要为这件事情负责。如果没有做完，一定要及时主动地向主管汇报，并且告诉他你什么时候可以做完，你有什么样的方法能解决这个问题，你能解决到哪一步，你需要什么样的帮助。能说清这几点，就代表你对这件事是负责的，你是有自己的思考的。

人在一起叫团伙，心在一起叫团队。打造一个优秀的团队，就是打造一颗心。

第六章

会激励才能用好人

这一章我来讲讲人才激励，这也是大家都很关心的问题。对于管理者来说，建立人性化的激励机制、运用有效的激励手段是调动员工积极性、主动性的必要条件，是科学管理的基本途径。

人的动机是由需求决定的

既然是激励，那我们所给出的就必须是员工想要的，是能够满足员工某方面需求的。如果想让激励产生我们所希望的积极效果，就很有必要研究一下员工的需求。

根据美国心理学家马斯洛著名的需求层次理论，人的需求分五个层次，由低到高分别是生理需求、安全需求、社交需求、被尊重需求和自我实现需求（见图 6–1）。

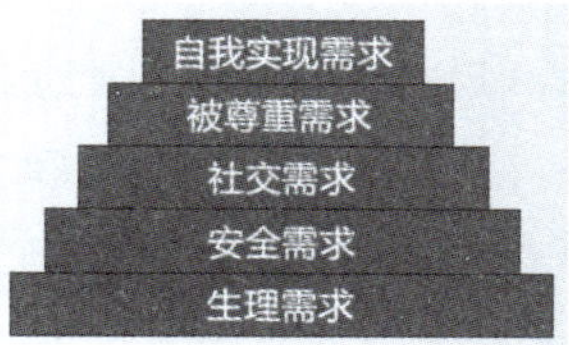

图 6–1　马斯洛需求层次理论

前两个层次属于物质方面的需求，生理需求指工资待遇、工作环境及公司福利之类的，安全需求指就业保障、养老保障、健康保障等。一个人在得到了一定的物质满足之后，就会产生精神方面的需求。

精神方面的需求主要是什么呢？

一是社交需求。在职场上体现为，“我在这家公司跟上下级的关系如何？大家是不是互相信任？我跟同事相处是否愉快？”这种涉及人际关系、工作氛围和团队精神的社交需求其实是与企业文化密切相关的。

二是被尊重需求。比如说，“我的意见能不能被上司听到并重视？我在这家公司的地位是怎样的？我这个岗位、我所在的部门在公司的地位是怎样的？”被尊重需求会涉及这类自我价值和个人感受。

三是自我实现需求，这是精神需求的最高级别。职场上追求的自我实现包括：“这份工作有没有挑战性？能不能发挥我的强项？我对它感兴趣吗？它能否让我有更好的发展前景？”

当你看到这样一个需求理论模型的时候，你觉得不同年代出生的人，分别会更加看重哪一层的需求？

“70后”“80后”是不是物质需求会比较旺盛？出生在物资相对匮乏年代的他们，是不是普遍缺乏安全感？很多管理者可能会有这样的体会，你跟“70后”“80后”的员工谈薪资、晋升，他们会很感兴趣，努力帮公司赚钱，自己也能赚到更多的钱，这对他们来说是积极的利好信息。很多“60后”“70后”，包括我这样的“80后”管理者，在带团队的时候，通常会用这种方式去激励这类员工。只要你跟他们讲，“你多承担一些、多付出一些，你的收入就会提高很多”，他们一般都能反馈给你很好的效果。

而“90后”呢，这批人对社交有更高的需求。他们基本上属于独生子女，很少有兄弟姐妹，很多时候他们的工作圈子几乎等同于他们的生活圈子，这就决定了他们很难在工作以外再去交到更多的朋友，所以他们会对工作氛围有要求，会对同事有期待，期待能发展一些既是同事又是朋友的关系。

至于“95后”，他们已经或正在完成从学生到职场的转型。在学校时，同学之间的关系比较简单，也比较平等。进入职场后，他们希望能延续这样的氛围，就是同事之间能互相尊重，他们特别在乎精神需求。

过去几十年国家经济不断发展，使得很多“95后”的家庭条件都不错，好多都属于小康家庭。大中城市的年轻人不用说了，就算是小城镇的青年，很多人家里也都有不错的房子，甚至在农村，不少人家里有小汽车。在这样的家庭条件下，他们对物质的需求并没有那么旺盛。有些时候你很难理解，他们怎么年纪轻轻的就这么“佛系”呢？跟他们谈钱，他们好像不太感兴趣；跟他们谈升职、未来，他们说没想那么多，觉得现在也挺好。既然他们没有那些强烈的物质需求，就很难用对“70后”的方式去激励他们。

当发现这一点的时候，你就要告诉自己：他们不是不需要激励，只是他们对物质的需求不那么迫切。如果你还是只用物质去激励他们，就是没用对方法。

这个时候你一定要注意到，这些人到公司来，工资虽然能体现他们的价值，但他们不会只为了这份工资就去改变他们的生活现状。还有些极端的例子，比如你的员工中也许隐藏着“富二代”，他完全可以不用工作，或者在家族公司里“摸鱼”也能过得顺风顺水，那他为什么到你这儿来了呢？也许他还是需要工作的，不然天天在家里，都没有朋友、没有“圈子”了。他会觉得工作是他交朋友、接触社会的方式，从这个层面来讲，工作是他的社交需求。也许他觉得父母的那个平台不适合自己，或者他想摆脱父母的约束，做自己有兴趣又擅长的事，也给自己一个跟别人公平竞争的机会，一个利于他职业发展的机会。这就是自我实现需求。对这样一种人，你怎么能只用物质去激励他呢?

马斯洛说，一个人的动机是由他的需求决定的。那么，为了充分挖掘员工的潜力，激励的方式应该因人而异。下面我将从物质、精神和自我实现这三个方面讲述激励的具体操作。

物质激励要兼顾公司与个人利益

奖金分配逻辑：大河有水小河满

按照前面所说的，人们的需求侧重点不同，但无论哪一种，必要的物质激励都不可或缺，最直接的方式就是发奖金。我先说一下奖金的分配逻辑。

大部分公司都是按照“底薪加提成”发奖金的。打个比方，公司每半年或一年会对员工进行一次考核，根据员工的业绩等综合表现进行评估，将其分为a、b、c三个等级，绩效为a的可以拿到相当于三个月底薪的年终奖，绩效为b的拿两个月的，绩效为c的可能会拿一个月的。中后台职能部门基本上也是按这种方式发奖金的。这种方式的最大特点是，员工的奖金是由老板和财务人员商定后直接算到个人头上、给到个人手中的。

这就有一个先天的缺陷，就是这种奖金分配逻辑跟公司所倡导的企业文化相抵触。几乎所有的公司都会倡导团队合作，教育员工要让公司成功，要让公司赚钱，这样他们自己才会有未来。但这个奖金的分配逻辑不是这样的，它只跟个人绩效挂钩，那员工只要关注自己的个人绩效就可以了。如果一个员工的个人绩效是a，就拿相当于三个月底薪的奖金，那他根本不会再去关注部门的任务有没有完成，公司的目标有没有实现。

在这种逻辑下，奖励政策鼓励的是个人英雄主义，培养出的是“精致的利己主义者”，跟公司倡导的文化是背道而驰的。长此以往对公司的发展极为不利。

既能有效调动员工的积极性，又利于公司发展的奖金分配逻辑应该是怎样的呢？用一句形象的话概括就是：“大河有水小河满”。（见图 6–2）

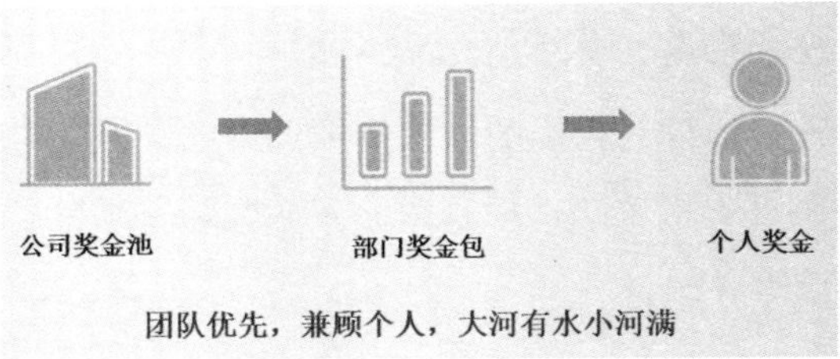

图 6–2　公司奖金分配

首先，要设一个公司奖金池。这个奖金池的大小可以根据公司的营收状况来定，比如说销售额的 10%，或者利润的 40%。公司的销售额越高、利润越丰厚，大家能分的这个蛋糕就越大。

然后，奖金应该分到部门。你们公司即使不大，也会有几个部门，这些部门就应该有部门绩效，它同样分为 a、b、c 几个等级，这样不同级别的部门拿到的薪酬包就有大有小。

这样做的意义是什么呢？可以让员工明白，如果他想成功，首先得帮公司成功。如果把公司比作足球队，他个人想要成为冠军球员，就必须尽全力让这个球队赢球。让公司成功了，接下来他还要帮助自己的直接上司成功，也就是说帮助他的部门成功，最后他个人才会获得成功。

团队优先、兼顾个人，这才是与很多公司的文化相匹配的奖金分配逻辑。大河有水小河才能满，团队的利益、成功永远要放在最前面。

薪酬包的生成方式

顺着这种分配逻辑往下走，我来说说公司总的薪酬包是怎么生成的。可以从两个维度分析，第一个是收入，第二个是利润。收入和利润将会决定整个公司的薪酬包大小，全体员工的工资和奖金都在这个“包”里面。

比如说，华为公司拿营业收入的20%作为公司的薪酬包。当然了，很多中小型公司是做不到这么“土豪”的，因为华为的毛利率达到了50%，所以它可以。

华为的模式适合公司的哪个阶段呢？公司的发展期、成熟期和衰退期都适合。但如果你们公司现在是初创期，总共也就有十来个人或二三十个人，还没有稳定的收入，甚至都没有所谓的盈利，在这种情况下，生搬硬套这个薪酬包标准的话，你就会发现大家都拿不到多少工资，那显然是不合适的。

那么初创期该怎么制定薪酬包标准呢？你可以根据一个员工的工资加上年终奖金来计算。比如说，公司里有10个员工，那你算一下10个员工的平均工资是多少，年底再发相当于3个月工资的年终奖，加起来乘以10，这就是你们公司的薪酬包，非常简单。

如果你们公司已经进入发展期，该怎么做呢？

第一种是根据销售额来匡算。如果公司还处于规模扩张阶段，可能利润并不高，那么可以按销售额的一定比例提取，比如说把销售额的 10% 作为整个公司的薪酬包。因为每个行业、每种产品的利润不一样，生产制造类公司的利润更低，提取的比例可以低一些。低多少呢？还需要结合业内的竞争水平来定，如果低于行业平均数的话，那就留不住人了。所以，做薪酬计划时要跟同行对比一下，保持一定的竞争性。

有的公司除了薪酬包外，还要加上一个“战略粮食包”。因为这样的公司会有一些部门，属于公司的战略性部门。比如，现在很多公司在做数字化的转型，就需要成立一个信息化部门，专门做数据化系统、SaaS 系统。这个部门是需要投入的，而且它们对公司目前的销售额和利润没有贡献，甚至是在消耗利润，但这部门对公司来说有战略意义，所以要为这个部门设立一个独立的薪酬包——“战略粮食包”，这是战略储备。

第二种情况比较常见，就是公司既要扩张市场，也要追求利润，那薪酬包可以由两部分构成，就是销售额和利润分别按照提取比例乘以各自的权重来确定。举个例子，你们公司的销售额是 1000 万元，利润是 100 万元，你计划拿销售额的 10%、利润的 30% 进行分配，两者的权重分别占 60% 和 40%，那么算下来就是：1000 万元 ×10%×60%+100 万元 ×30%×40%=72 万元，这个金额就是公司的薪酬包。

当然，你也可以只根据利润来设计薪酬包，或者视公司具体情况做一些更实际的调整。这里只是提供一个思路。应该重视薪酬包的设计，因为它对公司的发展有很大影响。如果你们只是一个二三十人的小公司，感觉可能不太明显，但当公司发展到一百人以上，进入扩张阶段后，合理的薪酬包设计就能体现出优势了。

为什么这么说呢？因为公司有了上百人的规模后，你再想控制编制就会很困难。比如说，你是做销售出身的，你对于多大的市场要招多少销售员非常清楚，但你对工厂生产这一块就不太熟悉了，工厂到底应该招多少工人呢？你不清楚。另外，公司还有个技术部，技术部到底应该配备多少人呢？这个你也不是很清楚。在这种情况下，你就可以借助薪酬包的设计，让每一个部门的主管自己去控制他们团队的人数。

这下你懂我的意思了吧？公司规定了蛋糕的大小，分蛋糕的人越少，每个人得到的就越多，人浮于事的现象就会越少。当年阿里巴巴就是这么做的，早期的一线员工拿底薪加提成，职能部门按绩效分 a、b、c 几个等级，各自拿若干个月的年终奖。后来公司壮大了，就开始控制人数，让每一个事业部的主管都像老板一样去控制自己的编制。如果只看业绩发奖金，谁不希望自己的部门多几个人呢，“我这个部门不行，三个人玩不转，你要再给我加两个人，不然我的任务完不成”——老板是不是很“头大”？

薪酬包的存在，会让主管用更少的人去做更多的事，为部门谋取更多的利益。

薪酬包的分配

薪酬包定好了，下放到各事业部后又该怎么分呢？在讲这个问题之前，我先来谈谈主管的奖金怎么发。

俗话说“兵熊熊一个，将熊熊一窝”，打造一支稳定的、高水平的管理者队伍对公司来说至关重要，所以对主管的物质激励值得用心考虑。

我以销售总监的奖金发放为例进行说明（见图 6–3）。

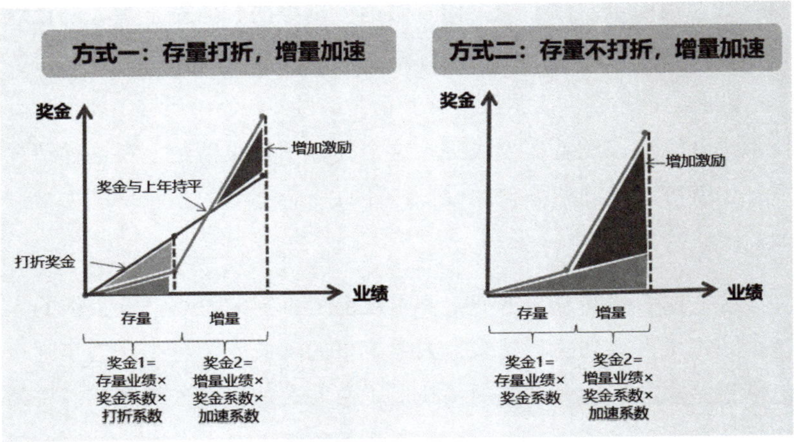

图 6–3 销售总监奖金的发放原则

当我们把薪酬包分到销售部时，销售总监本人的奖金通常是不包含在内的。因为他给自己分配奖金会比较为难，分少了他觉得自己吃亏了，分多了大家又说他不公正，所以他的薪酬包通常是由公司单独制定的。

现在很多公司销售总监的奖金发放，基本上采取工资加提成或者业绩奖金的办法。在公司的创业初期这样做是没有问题的，但如果一直这么做，就会助长销售总监急功近利的习气。既然只要有好的业绩就可以得到丰厚的报酬，那他还会关心公司未来的发展吗？他就不会尽力去培养新人，尽力去建设团队，更不会想尽办法给公司降费用。所以，这种方式的物质激励没有发挥出应有的作用，不利于锻炼队伍，不利于公司的长期发展。

怎么样能让这个销售总监既可以享受短期收益，也能够平衡长

期收益，而不是总想着牺牲长期收益来换取眼前收益呢？可以把他的奖金分成以下几个部分。

第一部分是业绩奖金。这是短期业绩带来的，用奖金包乘以部门销售额的增长率，也就是说他的部门销售额增长率越高，他就有越多的奖金。

第二部分是绩效奖金。这部分就不看他的业绩了，因为业绩已经用业绩奖金兑现了，现在要看他绩效中软性管理的成果，包括顾客满意度、干部培养、创新、销售流程建设、重要客户的维护，还有账期、回款等，要对这些方面做考核。像快消品行业，还会考核尼尔森数据[1]，就是公司的铺货率、产品的品牌指数等。这部分奖金能够衡量他为公司的长期发展做出的贡献、他为实现公司持续增长做出的努力。

第三部分是降本增效奖金。有很多公司都在外省市设立了办事处，能不能让办事处主任像老板一样控制费用呢？如果他能控制费用，公司就给他发一个降成本奖。比如说，与去年相比，降了 50 万元的费用，那么 50 万元的 20% 就会成为他的个人奖金。这也是一种对各方都有利的办法。

说完了主管的奖金构成，下面我来谈一下业绩奖金的设定，这对总监和员工都适用。

说到业绩奖金，先得有一个“基线奖金包”的概念。基线奖金包相当于什么呢？它可以是一个固定的值，比如说这个人是上海市场的销售总监，公司给他的基线奖金包是 20 万元，那么在天津，基线奖金包可能就是 15 万元，这是根据市场规模来调整的。它也可

1　指 AC 尼尔森公司的市场营销分析报告中的数据。

以不是固定值，更多的公司会把去年的奖金数值作为今年的奖金基数。比方说，他去年的销售额是1000万元，拿到了20万元的奖金，那么20万元就是他今年的基线奖金包，再结合今年的增长率就可以算出今年的业绩奖金了。假定他今年的销售额是1500万元，增长了50%，那么奖金就是20万元乘以1.5，即30万元。那如果是零增长呢，自然就拿到跟去年一样多的奖金。

但这样会存在一个问题，对于老板来讲，就可能存在管理上的疏漏：如果一个员工就满足于拿去年那么多奖金，他“躺平”不努力了，销售额一点都不增长了，我还愿意继续给他发20万元奖金吗？再说我这种传统公司，就算他任性“躺平”，也会有自然的增长，那我凭什么还要继续给他发更多的奖金呢？老板不愿意了，那怎么解决这个问题呢？

有一个办法，我们把它叫作“存量打折，增量加速”，这种办法尤其适用于公司的扩张期。什么意思呢？假设一个员工去年的销售额是1000万元，拿到了20万元的奖金，今年公司就把1000万元算作存量，这部分的奖金打8折，即16万元，这叫存量打折。但如果今年有增量，公司会提高分配系数，比如说他今年的实际销售额1500万元，多出了500万元，那这多出来的属于增量的部分，按照去年的标准他只能拿到10万元的奖金，但公司为了激励他，把系数提高到1.5，10万元 ×1.5=15万元，再加上存量部分的奖金16万元，他实际到手的就是31万元了。

这种存量打折、鼓励增量的方式是不是更能调动员工的积极性，也更有利于公司的发展？要想赚更多，就不能“躺平”，要想办法为公司贡献更多的增量。

这种方式还有一个好处，就是公司不必在目标上面花费更多的精力去说服员工，去讨价还价。反正去年的业绩可以作为他今年的起点，他会给自己定目标，他定得越高，做得越好，得到的奖金就会越多。

当然我们也会遇到一些特殊情况。比如，这个员工去年的销售额是 1000 万元，已经属于超额完成任务了，他是借助政策的利好和准确的预判才实现的，今年想要维持这个目标会有难度。这种情况下，公司就不要再给他的存量打折了，他只要完成 1000 万元，仍旧可以拿到 20 万元的奖金。万一今年他还能再创佳绩有增量，公司还可以给他加系数，别人是 1.5，他是 1.8。你想想看，这会让他有什么感觉？是不是感受到了公司对他的理解？这样的话他会更有干劲，到了年底他会使劲冲，而不会考虑留一点后劲，免得给明年“挖坑”。所以说，这种调整就比较合理，更人性化。

实际上很多公司，包括华为这样的大公司，都是按照这个逻辑去制定业绩奖金分配政策的，且已经沿用很多年了。当然，这种方法只是提供了一种科学激励实现共赢的思路，真正操作起来还要视具体情况灵活调整，因为市场、产品、政策、人员都存在很多不可控因素，是复杂多变的。

比如，当公司只有一款标准化产品的时候，对销售员的业绩考核就比较简单。但当公司接连不断有好几款产品上市的时候，销售员就很可能会挑肥拣瘦，去卖那些好卖的产品，卖有口碑的老产品，不愿意去推新产品。

举个例子，有一家快消品公司，之前员工的收入是按销售额乘以提成比例来算的，后来公司推出了一种新型饮料，发现员工不愿意去卖，他们还是喜欢卖老产品——矿泉水。这也很容易理解，推新产品意味着要做很多市场调查工作，拿一样的钱，为什么要做这样耗时又费力的事呢？

面对这种情况，公司及时调整了薪酬政策，设定了产品系数：卖矿泉水的提成系数是 0.2%，而卖新型饮料的则是 0.5%。也就是说，卖一瓶新型饮料相当于卖两瓶半矿泉水。

另一个是客户系数。当公司谋求销售额进一步增长的时候，其实有一个最基本的逻辑，就是把老产品卖给新客户，把新产品卖给老客户。比如，同样是卖矿泉水，虽然你们的市场占有率已经达到 33% 以上了，绝对是业内的龙头老大，但你还是希望每年都有增长。那新的增长点在哪里呢？就是要开发新客户。

经过一番市场调查，你发现餐饮店不太爱进矿泉水，因为顾客在进餐时一般喜欢点可乐、橙汁之类的饮料，很少有人要喝矿泉水。在这种情况下，你可以跟销售员说，如果矿泉水是卖到餐饮店的，就按 1.5 的系数算，而卖到超市、小卖部的，只能按 1.0 的系数算，不加“杠杆”。这样是不是也给了员工开发新客户的动力？这个系数就叫客户系数。

在销售上，还有一个比较常见的问题，就是员工喜欢找老板要折扣：“老板，能不能打个折？你看别的品牌都在打折，人家买一箱送 5 瓶，我们都没优势啦。”其实公司每年都有促销的预算，也都会落实到销售员身上，但总有人希望还能再争取到特批的低价。

甚至有一个学员曾恼火地对我说：“许老师，我的员工是‘野狗型’的吧？明明可以不用把价格压得这么低，但为了尽快把产品卖出去，他经常主动把公司的底价亮出来，甚至底价还不够，还和公司要特批价。价格上明明可以再争取的，他不争取，完全不考虑公司的利益。你说他是不是‘野狗’？”

我给他分析："'野狗型'员工的价值观与公司背道而驰，是会严重败坏公司风气的。当然，这个员工的主要问题可能不在这上面，你可以考虑在激励机制上做一些改善。比如，你制定三种价格：如果他按公司的目录价销售，就给他 1.2 的系数；如果他按特批价销售，就是 0.8 的系数；如果是按授权价销售的，那系数就是 1.0。这样的话，价格就跟他的个人利益挂钩了，他也就不会只是追求销售额，而会主动平衡价格与销量的关系了。"

如果想让员工像老板一样思考，既能把产品卖出去，又能想着多为公司争取点利润，一定要在激励机制上做文章。

而且要记住，机制不是死的，管理者要根据实际情况及时调整。好的机制会把一个坏人变成好人，反之，不好的机制则可能会把一个好人变成坏人。

基层员工和主管一样，除了业绩奖金外，也有绩效考核奖金。仍以快消品为例，货品陈列、经销商的库存占比等数据在销售员的业绩中是没有体现的，但在他的绩效里面却有所体现。甚至一些价值观的表现，也可以放在绩效里面来考察。这些数据特别差的话，就会影响他的收入。只有把业绩、绩效两者有机结合，才能够全面客观地反映出这个员工的贡献和综合素质，决定他能不能加薪升职。

最后，我来讲一下职能部门的奖金分配，这也是让很多管理者头痛的事。

有一种方法叫薪酬比例法。公司有一个总的薪酬包，销售部门的薪酬包已按照他们的业绩拿走了，剩下的就属于职能部门的。职能部门之间怎么分配呢？比如 HR 部门，它的部门奖金包就按薪酬比例提取，就是用总的职能部门奖金包乘以 HR 团队的工资占比，再乘以部门的绩效系数。

比如说，我们给职能部门的总奖金包是 120 万元，职能部门包括 HR、财务、行政、法务、采购等，就是说这些部门共享 120 万元。我们以 HR 部门为例，假设这个部门有 10 人，这 10 人的月工资总额占职能部门工资总额的 10%。他们部门的绩效是 b，而 b 的绩效系数是 1.0，那么 120 万元 ×10%×1.0=12 万元，HR 部门分到的奖金包就是 12 万元。

那么部门的奖金包又怎么分到个人头上呢？用绩效系数法，绩效分为两部分：一个是员工的个人绩效，另一个是其所在部门的部门绩效。假设一个员工的个人绩效是 a，a 的绩效系数是 3.0，而他所在的 HR 部门的部门绩效是 b+，b+ 的绩效系数是 1.2——这个数值是公司根据自己的实际设定的——那么，他的奖金系数就是 3.0×1.2=3.6。最后在公司里怎么算呢？首先我们会为他的岗位设定一个平均奖，作为他的个人奖金基数，用个人奖金基数乘以 3.6，就是他拿到手的奖金了。

部门奖金包这样分配给员工，有可能会分配不完，你可以按比例进行二次分配。

如果你们公司没有所谓的总的职能部门的奖金包，那你可以按公司的绩效系数计算。打个比方，如果公司今年刚好完成目标，那么绩效系数就是 1.0；如果公司超额完成了，绩效系数就是 1.2；如果公司业绩低于预期目标的 70%，那就是 0，没错，就是没有奖金。

华为公司有个制度就是这样的：公司如果没有完成目标，那么职能部门就不能评优。那其中特别优秀的人怎么办？把他送到产出线上去。也就是说公司有业绩员工才会有奖金，业绩太差就一切免谈。

在这一节里，我讨论了物质激励中主要的手段——奖金的发放，有几点最后强调一下：

第一，奖金肯定要跟着绩效走，只有完善绩效考核体系，奖金分配才能科学合理。

第二，所有的奖金分配逻辑都要与公司的文化相匹配。公司倡导“大河有水小河满”，那就设立公司奖金包；公司倡导创新，那么在绩效里就要有对创新的考核；公司倡导团队合作、客户第一，那么顾客满意度、客户投诉率等就可以作为绩效考核的内容，与员工的绩效奖金绑定。

第三，前台和中后台存在联动关系，前台有肉吃，后台也不会差，前台如果喝汤，那后台连汤都喝不上了。这就要求大家要有互帮互助、团队协作的意识，要有力出一孔的觉悟。

如何对人才进行精神激励

在这一章的第一部分，我曾把人的需求分成三个层次，也分析了不同年龄员工的需求差异。对“90后”来说，精神激励的重要性无须赘言，但对于“70后”“80后”，也不是说他们只需要物质激励就够了，只不过侧重点不同而已。

也许你听到有人说，“只要钱给到位了，让我干啥都行，怎么虐我都行”。这真的只是说说而已，千万不要把这话当真，没有人是不需要精神激励的，甚至可以说，对人最大的激励莫过于精神激励。好在对中层和基层管理者来说，有很多种激励方式可以自己说了算，可以随时随地对员工进行激励。

精神激励：仪式很重要

我先给大家分享一个案例，来说明仪式的重要性。

你们一定看到过，许多公司里都有一面荣誉墙，上面挂着公司的月度明星、季度明星、半年度明星和年度明星的照片，TOP团队、TOP主管的照片也都会在上面，这显然是一种荣誉上的激励。

这样做的效果好不好？

我曾受邀去一家公司做咨询。在参观他们的办公环境时，我看到他们也有这样一面墙，叫作“龙虎墙”，我觉得挺好的。但当我做员工访谈，问到有关公司激励方面的一些内容时，我发现受访的明星员工竟然压根不提“龙虎墙”的事，我明明看见墙上有他好几张照片啊。我就专门问他：“那个‘龙虎墙’你觉得怎么样？对你起到激励作用了没有？”他说：“噢，那个东西，嗯……”他支吾了一下。他这个略带尴尬的反应让我挺惊讶的，我就又盯着他问，他就说，在他们公司，如果他成了优秀员工，主管就会来向他要走一张自己最满意的照片，指不定哪天就贴上去了，大家看到就看到呗，没有任何仪式。

我觉得这就是他们公司的问题。所谓精神激励，要满足的是人的精神层面的需求，一定要有仪式感。否则，像这样水波不兴的“激励”，让当事人都无所谓的“龙虎墙”，能起到什么作用呢？

那优秀的公司是怎么对待荣誉墙的呢？他们会花心思为明星员工排一场“大戏”。

首先要有星光大道。每当有新的明星员工诞生的时候，绝对不能悄无声息地把他的照片贴上去就完事了，满满的仪式感从为他铺设星光大道就开始呈现了。

下午5点多快下班时，大家就开始敲锣，播放颁奖音乐。然后在人流量比较大的、员工上下班都会经过的那条走道上铺设红地毯，这条长长的走道就是展示明星员工的现场。

这时候，员工都会自发地站到红毯的两侧，手上拿着演唱会上常见的那些小道具，一边挥舞一边期待着明星员工的出场。

气氛烘托出来了，明星员工该怎么出场呢？也许你会说，这还用问吗，当然是自己走出来了。不！应该是抬出来的！明星员工平时那么辛苦，比别人拜访的客户要多，在这个属于他的高光时刻，怎么能让他自己走出来呢？每家公司都会有几个壮汉吧，这个时候该发挥他们的作用了。如果明星员工是女生的话，一定要早早交代一下，颁奖的那一天可以穿得漂亮，但是一定不要穿裙子。

因为有这些铺垫，出场阵势就会很震撼。明星员工会头上戴着“皇冠”、手上拿着“权杖”、身上披着黄马甲，这些都是明星身份的象征。当他出场时，两边的员工挥舞着道具，大声喊着他的名字。比如说明星叫小婷，大家就使劲地喊着“小婷、小婷……”两边有撒彩粉和花瓣的，还有“狗仔队”负责拍照、拍视频，一路跟拍，咔咔咔地拍……

这个时候，小婷心里是什么感觉？是不是很自豪？再理性、再内敛的人此刻都会满脸通红，难掩激动之情吧？

当她被抬到荣誉墙下时，工作人员会把事先准备好的她的照片递上来，请小婷亲手贴上去，然后再给她印泥，让她在照片上按一个手印，“狗仔队”再给她拍照。

等热热闹闹的照片上墙仪式结束，就要给小婷颁奖了。这时就不要再发红包了，业绩好奖金自然就很多，现在重要的是颁发荣誉奖。大家觉得颁奖嘉宾应该是谁？一个优秀的销售员，她的直接上司是主管，主管上面有经理，然后有大区总经理，再往上就是副总裁。我认为，月度奖可以由主管或经理颁，但如果是半年度奖、年度奖，一般该由副总裁亲自颁。

他们事先会把小婷的优秀表现向那个副总裁汇报清楚，因为颁奖发言时他是一定不能看稿子的。他要说："我们的小婷确实优秀，虽然我和小婷直接接触得不多，但我对她的名字非常熟悉。我知道她能够获得这份荣誉，不光是因为她的数据很亮眼——她的销售额不用说，拜访量和别的同事比，每个月也要高出 40%，而且她每个星期还会跟着团队去做培训，既做了很好的总结，也通过分享帮助了团队。她在取得这样的业绩的同时，还带了两个徒弟，徒弟在她的传帮带下，今年的业绩也有了大幅的提升。所以，在她身上充分展示了我们公司推崇的教学相长的文化。"总之，副总裁要多讲细节，多讲小婷为取得这个成绩付出的点点滴滴的努力，多讲她在弘扬公司价值观上起到的带头作用。

没错，每一次颁奖都需要营造这样一种仪式感，对获奖者来说，自己被认可、被尊重了，能满足自我实现的需求，看到自己在这家公司的发展前途。这也是公司在充分研究了员工心理后，根据马斯洛需求理论里被尊重的需求做出的有效的激励方式。

下面，我简单说一下明星员工的心态是怎样的。

以我自己来说，我在做一线员工的时候，基本上就是明星员工。我不但了解自己的心态，也和其他明星员工有过交流。你知道我最怕的是哪一种上司吗？就是爱抢功劳的上司，他向上面汇报成绩的时候压根不提我的名字，把一切功劳都算在他头上。

所以，你明白为什么要让副总裁发言时把小婷努力工作的细节尽可能多说一些了吗？小婷一听就懂了，"原来我的努力和辛苦我的主管都看在眼里，还都告诉了副总裁，那些微不足道的小事他都记得呀"。

然后她会怎么做？是不是会更信任主管，更愿意在团队里协助主管的工作？所以，到我自己带团队的时候，我就一定让员工没有任何心理负担，只有他们完全信任我的时候，他们的大脑才会创造，他们才能发挥出自己最大的价值。

那么，在这种颁奖仪式中，其他员工也就是那些“群众演员”会不会有收获？他们会从这个仪式上学到什么？

如果让员工只看到他人拿高额奖金、被众星捧月的结果，而看不到他人努力的过程，那对员工就不是一次很好的激励。榜样不能只是结果上的榜样，结果背后的努力过程才是最重要的。我们要的是分享他成功的过程，这才是可以学习的东西，所以，颁奖礼上领导的讲话、获奖员工的分享，都可以用来塑造员工。

因此，颁奖仪式结束后他们还有很多后续的操作：先把“狗仔队”拍的照片选出来，贴在办公室的柱子上、茶水间里，和团建的照片、温馨家庭的照片贴在一起，就是让员工感觉到他们是一个很温馨、很鲜活的团队，有一群很温暖、很有爱的家人。

然后把拍的那些视频剪辑成一段视频，在办公区的几台电视机里天天轮番播放。电视里通常会播这几样内容：一个是颁奖的场面，还有一个是客户的声音，另外还有团队互帮互助的一些场面，这些都是能够体现价值观的视频，符合公司倡导的企业文化。

你想想看，一个员工每天进入公司看到的都是自己的高光时刻，照片墙上、电视机里展示的是他的承诺，“下个月我还要站在这个台上，我会继续努力”，这种面对公众的承诺多么有分量。

心理学上有一个理论，就是一个人向公众承诺过的目标，跟没有承诺过的完成率是不一样的，对于承诺过的目标，能完成的信心会高出至少 40%。

做公开承诺的人会越做越好，跟他差距不是那么大的人就会觉得，“哇，他都可以，我怎么就不可以呢”。于是，就会形成你追我赶的良性竞争。

我们都希望精神激励能发挥出最大的效力，仪式感就是最好的助力。这么多年过去了，我作为明星员工，加过多少工资、拿过多少奖金，可能已经不记得了，但上台贴照片的过程我至今历历在目，每当看到那时的照片，我都能回忆起当时的激动心情。明星员工对于公司来说就是千里马，他要的不只是草料，还有伯乐，还有草原，当他知道自己被看到、被尊重、被欣赏，看到自己的职业发展前途的时候，就说明精神激励真正激励了他，而且是长久的。

下面再讲一个更有仪式感的精神激励法——高管晚餐。

你有没有用过老板的资源，有没有用过高管的资源？你有没有发现，老板这个人就算一分钱都不出，自己也是一个奖励资源？如果你是主管，你也可以把自己当作一个奖励资源，你奖励员工跟你一起出去吃饭，非他莫属，他就会觉得自己跟别人不一样。

我在阿里巴巴的时候，每年大区里面的年度前 10 名员工选出来后，我一定会邀请老板跟他们共进晚餐，如果是季度前 10 名呢，就邀请总经理与他们共进晚餐。

跟老板预约的晚餐作为年度大戏，当然要制造满满的氛围感。一般激励方案在年初就会制定好并公布给大家。比如，今年 12 月 31 日，年度业绩排在整个大区的前 10 位的员工，就可以跟老板共进晚餐，晚餐的地点设在杭州雷迪森酒店或香格里拉酒店的豪华包间。

这个方案我们一定会在年初就公布，而不会等到年底再给获奖员工一个惊喜，因为惊喜没太大意义，如果把一个很好的激励方案变成了事后奖励，就失去了激励的作用。

激励方案公布后，我们会一直发战报，每天有员工业绩的排名，大区前 10 位的底色是红色的，前 5 个名字前还贴上了五角星。然后用香格里拉酒店包厢做背景，PS 了一张图，大圆桌主位当然是老板，周围一圈就是前 10 位的照片。前 10 位的员工一看，“哇，我已经拿到入场券了，已经有机会跟老板共进晚餐了”。但这时还没到年底呢，稍一放松，可能就被挤出包厢了，外面的人依然有希望。

过一阵，战报又刷新了，前 10 名中还真的有几个被挤出来了，包厢里的头像也随之换掉了。就这样，你追我赶，谁也不敢放松，整个过程就像打游戏一样，都在争着升级。战报每天都在发，激励的过程每个人都深有体会。

为什么跟大家分享这些？因为我看到很多公司的激励政策虽然会在年初的时候公布，但是氛围没有炒热，也缺少追踪。有的上半年毫无动静，下半年也许会提一下，到了最后两三个月的冲刺阶段，80% 的结果已经基本成了定局，差距很大的人也不可能通过最后两三个月的努力就追上来，这个时候你才开始倒计时、发战报，激励的作用还有多大呢？激励两三个月和激励一整年，哪种方式激励的人更多呢？所以，这种激励方案最重要的就是，用每天的跟踪制造你追我赶的氛围，对每个人都是推动、鼓励。

在万众瞩目中，时间到了年底，到了与老板共进晚餐的时候了。大家努力了一整年，不敢有丝毫懈怠，终于拿到了真正的入场券，你说他们会不激动吗？很多销售精英这么努力，最后不是为了奖金能比别人多，就是为了能有跟老板共进晚餐的机会。所以，临近揭晓，真的会有人兴奋得几个晚上都睡不好觉，期待着自己和老板坐在一起，恨不得把燕尾服都穿上。

那么大家觉得共进晚餐的时候，除了老板，还要不要大区总经理陪同？ HR 要不要去？为了凸显重视，那些副总裁要不要也参加一下？

我的建议是不要。首先，对老板来讲，他是不是想借着这个机会听一听基层员工的声音？其次，员工是不是也想通过这样的机会，从公司的创始人那里了解一下公司未来的战略，顺便表达一些自己的诉求？所以，无论怎样，这个时候有其他领导在场都是件尴尬的事情。

但是，有一个人应该去，这个人要进去拍照、拍视频，回来后写“战报”。

你们觉得谁会是这个幸运儿呢？就是排名在第 11 位的员工。为什么说他幸运呢？人家坐着他站着，人家吃饭他拍照，这难道不是在羞辱他吗？当然不是了，这又要涉及人的微妙心理了。

你想想看，连其他高管都没机会去，他作为第 11 个人，有这样的机会，不只是给老板和那些优秀员工拍照、拍视频，还能听到老板和他们的交流，这不是很好的学习机会吗？当然，拿到的是站票，拍到的是人家激动的表情，回来还要写“战报”，详细描述人家兴奋的心情，这多多少少会让他有点不甘心，有点受刺激。结果你猜怎么样？他到第二年会妥妥地进前 10 名，这就是激励的力量。

把跟老板、高管共进晚餐作为一种精神激励时，最重要的点在哪里？

最重要的就是一定要发挥出它的激励作用，在公司里营造出一种长久的、热烈的、你追我赶的氛围；还要把它的意义准确传达出来，这不仅仅是一顿五星级酒店的晚餐，还关乎认可、关乎尊严。

当然也有老板跟我说，“我的员工不稀罕跟我吃饭”。这就要看你怎么去塑造它的价值了。

我知道在很多公司里，员工是有点怕老板的，看到老板恨不得隔着三条街就绕开。其实我想说，怕归怕，但是对于明星员工，当你和他在五星级酒店吃饭时会不一样。首先，这是一件会让他感到自豪、有面子的事；其次，价值是塑造出来的。如果只是很随意地去一些小馆子吃顿饭，没有体现出对他的重视，人家可能真的不稀罕呢，他会觉得，陪老板吃饭压力好大呀。

所以，像这种高管晚餐，仪式感是万万少不得的。酒店一定要够高级，要去私人会所、米其林餐厅这一类他们自己平时没去过的很正式的地方，去这种提前很久才能预约到的地方，来体现出对他的重视。

以上分享的星光大道、高管晚餐，都属于极具仪式感的精神激励的方法。当然好方法不限于此，有的公司喜欢搞带薪休假，组织优秀员工去旅游，这也很好，只是你需要用心挑选他们没去过的地方，巴厘岛也好，马尔代夫也罢，没去过才会更向往。激励的过程和前两者一样，年初公布，炒热气氛，全年跟踪，每一天都激励，那激励的效果一定会如你所愿。

精神激励的几个细节

细节决定成败，精神激励要想有效果，就不能忽视细节。我来说一下有关精神激励的一些法则。

第一个法则：多个好消息要分开说，多个坏消息要一起说；一个大的坏消息和一个小的好消息要分开说，一个大的好消息和一个小的坏消息要一起说；好消息晚说不如早说，坏消息早说不如晚说。

看起来像绕口令，但是仔细想一想很有道理。

当你有两个好消息要告诉员工时，千万不要一起说，不要想着给他们一个大惊喜，来个双喜临门。因为每一个好消息都会有一个积极效应的持续时间。你把两个好消息一起说，积极效应只能维持两个月，但如果分开说，每个好消息都能维持两个月，所以好消息要分开说。坏消息呢？你千万不要今天跟他说这件事要罚多少钱，明天再跟他说他的职级不行，要降级。不能让人觉得每天都要“割一刀”，所以不如一次说完。

大的坏消息会把好的小消息“抹掉”，所以要分开说，让好消息哪怕很小也能发挥一点积极的作用。同样，大的好消息会盖住小的坏消息，一起说会让人更关注积极的一面。

同理，好消息能早说就早说，早说是激励，晚说就变成了奖励。坏消息呢？能晚说就尽量晚说，让对方紧张、痛苦的时间短一点。

第二个法则：小奖不如不奖，小罚不如不罚。

什么意思呢？比如说，公司有个规定，做一次分享有100元奖金，来听课的人数达到一定标准有200元奖金。你会发现这样的小奖励大家都觉得无所谓，激不起大家参加分享的欲望，反倒让分享失去了互学互助的意义，不如不奖。你该怎么做呢？要跟员工说，教是最好的学，会总结的人才能做好分享。一个不会总结只会埋头拉车的人，是不会有前途的，在公司的职业晋级上，也是会总结、会做分享的人才能够更上一个台阶。

同样地，你让他去带一个徒弟，说带徒弟有200元补贴。对月薪六七千元或者八九千元的他来说，带徒弟多辛苦，为了200元真的不值啊。这个时候你如果说带徒弟这件事情对他的经验积累和职业发展都有帮助，那他会更有积极性。

再举个例子，很多人都会去无偿献血，这个举动代表了一种爱心、一种社会责任。虽然没有给他一分钱，但会给他一个小本子记载着荣誉，他拿在手上就会有一种帮助了他人的成就感。但如果哪天宣布，只要献一次血就能获得200元的代金券，那献血的人会变多还是变少？应该会变少吧？本来是可以帮助他人的一个小小善举，现在却好像是为了一点小钱似的，去献血的人会觉得这件事失去了意义，所以说小奖不如不奖。

同理，小罚不如不罚。比如迟到一次扣50元，其实很多人不在乎这点钱，扣就扣呗，被扣了反倒心里没有愧疚感了。我认识的一个经理就是这样，他经常迟到，以前迟到了还会觉得有点过意不去，后来人事部门制定了一个明确的制度，说迟到1分钟罚款10元，他直接就去人事部那里“预存”了2000元，说“以后我每迟到一次你就直接从这里面扣吧”。所以说，小罚不如不罚，你可以寻求其他更有效的管理手段。

第三个法则：奖品“四不掉”。

提到奖品，大家会想到什么呢？是不是每个人家里都有几个奖杯放在柜子角落里落灰了，或者干脆就扔掉了？

我们说，奖品要符合“四不掉”法则，就是吃不掉、用不掉、扔不掉、送不掉。我讲一次亲身经历：有一年我去给一家公司做咨询，当时他们正好在搬家，我就发现角落里放了一堆大家不要的东西。我随意看了一眼，里面好像有奖杯，走近去看，天哪，不止一个，那么多的奖杯就跟垃圾混在一起。我就问：“你们的奖杯怎么都不收起来呢？”他们都投来诧异的眼光，好像我在说笑话。我拿起一个奖杯，马上就明白了，轻飘飘的亚克力制品，淘宝上十几元、几十元一个。我看了一下上面的字，“金牌团队奖”“年度销冠奖”“季度销冠奖”……没有一个是刻着获奖者名字的。

我当时就问他们公司的 HR：“你们的奖杯为什么不把获奖者名字写上去？”HR 说：“出结果的时候，已经到了我们要颁奖的时候了，我只能提前去把奖杯买回来，刻字是来不及的。”

这就会出现一个问题，这个奖品既然没有具体的指向，代表它是可以扔掉也可以送掉的。任何一个奖品必须要有获奖者的名字，他才会觉得这个东西是为我所有。而且奖杯不应该买这种便宜的大路货，最好找人定制，有你们公司的 Logo，能体现你们公司的文化，是外面买不到的，又能看出你们很用心。

华为公司就有这样的传统，在他们还不是很有钱的时候，他们的奖杯都是找设计师设计的。后来有钱了，就找意大利的设计师设计。他们的奖杯是他们公司独有的，里面再放一枚小金币或银币，用来排定名次，这样的奖杯谁会不珍惜？

建立荣誉激励体系

接下来讲一下阿里巴巴和华为的荣誉激励体系，作为两家非常成功的公司，它们的经验值得学习。

阿里巴巴是很注重服务的，就是说不只要求员工业绩做得好，还要求服务做得好。所以，除了绩效里面有对服务内容的考核，还有个红草莓奖，专门用来奖励服务方面的优秀者。

管理体系是公司的立身之本，价值观是一家公司的灵魂，阿里巴巴为在这方面有贡献的人设置了一些奖项。

CEO 特别贡献奖：用来奖励那些对公司长期战略影响比较大的人和项目。比如说，阿里巴巴的前 COO 关明生是第一个获得 CEO 特别贡献奖的，他落实了通用公司的文化体系，把它的绩效管理体系引进阿里巴巴，对公司未来的长久发展做出了重大贡献。

感动阿里奖：在价值观方面有突出的表现、有牺牲精神的人，会获得这个奖。比如说，原来我的团队里有一位叫吴菊萍的员工，杭州的媒体曾铺天盖地报道过她的事迹。2011 年 7 月 2 日下午 1 点半，她路过杭州滨江区的一栋住宅楼下，徒手接住了一个从 10 楼坠落的 2 岁女孩。因为有她手臂的缓冲，小孩的命保住了，但她自己的左手臂却粉碎性骨折了。她的这种自我牺牲精神在社会上激起强烈反响，当时公司就给她颁了一个感动阿里奖，发给她 20 万元奖金，还让她带薪休假。

我团队里还有个叫邓鹏迪的员工，有一次他和同事去拜访客户，两人走在乡村的一条马路上，突然一辆大卡车发生意外，向他们撞了过来。面对险情，他第一时间把同事推开了，结果自己来不及躲开，被大卡车压在了下面。幸好他扭了一下身体，只断了数根肋骨，保住了性命。那一年，邓鹏迪被授予感动阿里奖。

优秀的管理者永远是公司的财富，阿里巴巴专门为他们设置了一些奖项。

火车头奖：如果一个人愿意做小组长、项目经理，主动承担责任，我们就叫他“火车头”。当他带的小组不错，带的项目获得成绩的时候，就会给他颁一个火车头奖。这些“火车头”基本上就是我们未来的管理者人选。

德鲁克管理实践奖：大家都知道德鲁克是现代管理学之父。如果谁对公司的管理流程、管理机制的设计做出了突出贡献，我们会给他颁发一个德鲁克管理实践奖。比如，主管、经理、人力资源的负责人都有可能拿到这个奖项。

阿里巴巴还十分人性化地为普通员工设置了诸多奖项。

黑马奖：有的人原来表现平平，但就像一匹黑马一样，突然进步非常明显，虽然没成为销售冠军，但业绩很好。公司也会关注这种人的成长，给他们授奖，而不是只关注排在前几位的金字塔尖上的人。

馒头奖：它其实是英文“mentor”的谐音，就是导师的意思。这个奖用于奖励善于带徒弟的人，一个人若成功带出好几个徒弟，且徒弟对他的反馈都非常好，他就可以获得此奖。

小蜜蜂奖：这种人勤勤恳恳，虽然不是业绩明星，但他们的业绩处在团队的中上游。他们可能天资一般，但很努力，能够做到这样的业绩已经竭尽全力了。这样的员工就可以获得此奖。

蚂蚁奖：蚂蚁虽然跑得慢，但始终在前进。我们就为那种每个月都能够进步那么一点点的员工设立了这个奖。

对于以上所有这些奖项的获得者，我们都会在公司的舞台上给他们一个很隆重的曝光的机会，他们都是我们的明星、公司的骄傲。

通过这些奖项，可以看到激励其实是多元化的。你一定要让大家相信，在这个团队里面，只要某一方面特别突出，就会被看到、被奖励。能做到这个团队中数一数二的成绩当然好，但大部分人不是金字塔的尖，而是能使金字塔稳定的塔身部分，他们的贡献、他们的闪光点也值得被看见、被认可。

下面再介绍一下华为的荣誉激励奖项。

蓝血十杰奖：整个公司评出10名管理者，他们是优秀的管理人才，是对公司管理体系的建设和完善做出重大贡献的人。

明日之星奖：获这个奖的人今天不是明星，但明天会是明星，也就是说他属于第二梯队。你可能会说，等他成为第一梯队再颁奖不行吗？不行。什么是有效的激励？就是在他努力的时候，你在前面为他鼓掌加油，不让他寂寞得太久，提前给他颁奖，提前让他走上舞台。在华为，一个团队有 25% 的人可以拿到明日之星奖。因为明星员工在华为里面就占 10%，最多不超过 15%，所以第二梯队就是 25% 的这些人。

天道酬勤奖：这是一个跟价值观相关的奖项，华为提倡艰苦奋斗，所以你如果在海外工作累计 10 年，或者在艰苦地区连续工作 6 年，那么就可能获得天道酬勤奖。

从零起飞奖：如果你觉得自己做的贡献不够大，对公司的价值也有限，自愿放弃年终奖，那么公司就会给你颁一个从零起飞奖，奖品就是一架飞机模型。当然这个飞机模型也是经过设计师精心设计的，它意味着你是公司的英雄，是公司未来的顶梁柱。

把对自我实现的激励当作目标

大家从阿里巴巴和华为的荣誉激励体系里应该能看出，他们是怎样关注不同级别员工的精神需求，如何进行有针对性的激励的。

马斯洛需求理论告诉我们，精神上的需求得到满足，就会激发出自我实现的需求。

那么对自我实现的激励有哪些呢？我简单地说一说。

一是一定要跟员工多讲前景，千万不要认为画大饼只是老板的事。

前景老板要讲，公司的中层和基层管理者也要讲。在团队里，你要经常跟员工讲公司近年的发展速度，公司在同行中的水平，公司的市场份额是怎样一点一点扩大的，这个赛道的行业前景怎么样。当然，你自己一定要觉得自己从事的这个行业是对社会有价值的，而且对它的未来非常看好。如果你自己都不看好，还跟员工一起抱怨这家公司，你又怎么能留得住优秀员工呢？

你总不可能让老板隔三岔五拉着员工一起开大会，去讲公司的前景吧。老板可以跟你讲，而你作为管理者跟员工讲，这一点非常重要。毕竟只有公司有前景，员工自我实现的平台才更大，自我发展的空间也才更大。

二是一定要让员工觉得跟着你能成长。

比如说专业能力，既然你是管理者，你的专业能力很有可能不及你的员工，但是你必须在知识宽度、领导力方面比员工厉害，让他们觉得你就像个人生导师，无论是做事的前瞻性、看待问题的洞察力，还是对做人的道理的把握，你都比他们强，他们在无形中就会把你当作榜样。

很多管理者都是从一线上来的，其中不少人可能有过这样的体会：跟着一个自己不喜欢的德不配位的上司，真是很痛苦的煎熬。那么，当有一天你也成为管理者时，就一定要记住，你自己不要成为这样的人。

你要让员工跟着你能成长，而成长不应只限于业务上。如果你每次跟员工谈话的主题都是业绩、业绩，说不定他会觉得自己只是你晋升道路上的工具人罢了，这不是很遗憾吗？如果你能让员工感受到你的人格魅力，激发出他们对成功的渴望，让他们也想成为你这样的人，把你当成自我实现道路上的引路人，那你就是个非常称职的上司。

三是要给员工适度的空间，不要把员工看得太紧了，特别是在公司工作了半年以上的员工。

新员工可能需要你关注得多一点，因为你还不知道他的水平，需要有一个摸底和磨合的过程。但是半年以后这个人的水平到底怎样，你应该心里有数了。这时一定要学会放手，在教会他做以后，渐渐离他远一点，给他独当一面的机会，充分调动他的主观能动性。

你作为上司，适时地关心、有分寸地帮助就是对他最好的激励。给他空间，让他看到自己无限的可能性。

总之，一家公司能做大做强，离不开一批有能力、有梦想的员工，我们要灵活使用各种激励手段，帮助他们实现自己的人生梦想，使员工的个人价值和公司的社会价值都得以实现。

第七章

靠自己干不如培养一批优秀的人

这一章要讲的人才培养，其实贯穿在整本书中。怎样利用好时间，怎样保持高效沟通，怎样做好目标管理，怎样搞团建……其实每一个管理动作都是在做人才培养，人事合一，借势修炼人，自己修炼的同时也让团队中的每一个人在修炼。

我单独写人才培养，是因为这是一个非常大的系统工程，有必要重点梳理。

人才培养的理念与法则

一家公司之所以成功，原因有很多，但它在识人、用人、培养人方面一定有着过人之处。对于人才培养，我们提倡理念先行。

无培养不合格，无替补不晋升

第一个理念就是无培养不合格，无替补不晋升。如果你加入的公司有这样的企业文化，那你是非常幸运的，因为它对你提出了更高的要求，比那些不懂科学管理的公司要求更高，它会让你有很好的提升。

有很多公司对管理者的要求，就是只要拿到结果就可以了。如果你也这样要求自己，那你跟骨干没什么区别。你做得好了，手下却没有人接班，那你其实是不合格、不应该得到晋升的。

真正的管理者绝不能只像个监工一样，而是要培养人。如果一个个骨干从你手上成长起来，那么你的领导能力将会有目共睹，你未来的价值毫无疑问会越来越高。

所以，即使公司对你没有这样的要求，你也不妨给自己增加这个要求，把培养人才列为工作重点之一。

不依赖聪明人

第二个理念就是不能依赖聪明人。无论你在公司的哪一层级，你都要告诉自己，不能依赖聪明人。如果你的团队里面有个聪明人能够干出团队 80% 的业绩，而且你非常依赖他，你就危险了，你的地位可能已经不及这个员工了。

对这个员工本人来讲，他也不会有提升——理由很简单，他已经是这个团队里的最高水平了，无法再从其他成员身上汲取养料了。

如果他是个有危机意识的人，他就应该知道在这个团队里他很难再有成长空间了。如果他不是个有危机意识的人，可能就会变成另外一种情况，他会想，“这个团队的人真差，每一个人都比我差，我是这个团队里不可替代的聪明人，我是最强的，我要是一走，这个团队 80% 的业绩就没了”。所以，他会干吗？他会飘起来，目空一切，无视规则，无视公司的企业文化和制度，不知不觉他就变成了一个很难协同的人，变成了一个刺儿头，你很难再管理他。

当你的管理非常依赖一个聪明人的时候，对这个聪明人不利，对你自己也一样不利。比如说，你希望团队成员每个星期都能够复盘一下本周工作，自我分析和总结，认认真真地写周报。但那个聪明人会说，“搞这些干吗？做业务有业绩、拿到结果就行了啊”。他拖着不写、不交，你能怎么办？你们团队 80% 的业绩都是他拿到的，你很依赖他，所以你只能妥协。那你还能继续让其他员工写吗？记住，绝对不能在一个团队里实施双重标准，否则你的威信就没了，你会失去其他员工的信任，接下来的工作就更难开展了。那应该怎么办呢？

你能做的就是把这个聪明人所用的方法和经验复制出来，让团队 80% 的人能够做到这个人的八成。这才是人才利用最大化，是你这个管理者应该去做的事。

三个阶段的 30% 法则

下面讲一下人才培养一定要注意的三个阶段的 30% 法则。

第一个阶段是前三个月，即员工进入公司的前三个月。这一般是试用期，一定要利用这段时间识别出“野狗”、随波逐流混日子的人，还有喜欢要小聪明的人。

30% 法则就是提前识别出大约 30% 的最不适合公司的人。

为什么是 30%？我们在面试中，即便有很多识人技巧，也肯定会有看走眼的时候。世界上最高水准的面试，其准确率也不过是 70%。通用电气、华为、腾讯、阿里巴巴等大公司，基本能达到这样的水平，这已经非常高了。

通用电气公司前总裁杰克·韦尔奇说，他刚接手通用电气的时候，公司的面试准确率大概是 50%，他花了大概十年的时间，才把面试的准确率逐步提高到 75%。

所以，无论面试技巧多么高，也不能打包票。那怎么办呢？要早点把这些人识别出来。这些不合适的人如果在公司里待上一年半载，其实就是对公司资源最大的浪费，所以我们才要设试用期。在这三个月当中，我们尽力帮助新人去融合，如果他们仍旧跟团队明显不同频，就要请他们走。对各方面能力都跟不上的，态度又不端正的，我们也要勇于承认自己招错了，尽快请他们走。

第二个阶段是第一年。当员工在公司里干满一年的时候，要识别出综合能力排在前30%的人。他们到这家公司一年了，是骡子是马，你应该已经能看出来了。

为什么要提前把他们识别出来？因为他们很优秀，如果不把这些人识别出来，他们可能就会离开你们公司，被猎头公司挖走，到竞争对手那里去。猎头公司挖人才时，一般不会挖进入这家公司不到一年时间的人，因为工作时间太短暂了，用人单位会觉得这是一个很不稳定的人。那挖谁呢？肯定是挖经过实战检验的优秀人才，而你们公司就成了替人做嫁衣的冤大头。

在这里有一个“人才投入产出比”的概念。对于越高级的人才，投资的周期就会越长。通常来讲，投资一个人才的平均时间是一年，也就是说一个员工被招进来，在一年里对公司来说都属于投入期。基本上前半年是他磨合、适应、学习的阶段，后半年哪怕他很能干，在某些方面可以独当一面了，在某些具有挑战性的工作上也不能胜任。综合来讲，公司在一年时间里的“人才投入产出比”并不高，这源于通常情况下人力资源成本的研究数据。所以说，这些优秀的员工刚给你工作一年就走掉了，就相当于你光投资没回报，甚至可以说你在为你的竞争对手做投资，你亏不亏？那怎么办？一句话，识别出来，留住他们。

第三个阶段是前三年。员工在一家公司能够待满三年，稳定性可以说是非常高了。我们要在这个阶段识别出一头一尾的30%。

员工属于头部的30%是什么概念？工作满三年，对公司的业务很了解，对流程也很熟悉，对公司的文化也完全能够接受和融入，业绩又名列前茅，这种人很可能会成为公司未来的栋梁，你需要通过轮岗、晋升等各种方式对他们进行培养、激励和锻炼，让他们承担更大的责任。

那么后 30% 的人呢？这部分员工在三年时间里由于种种原因渐渐“疲”掉了。比如，可能是比他们晚进公司的人能力比他们强，拿的奖金比他们多，后来成为他们的平级甚至都晋升成他们的上司了；也可能就是他们单纯失去了新鲜感和目标，想得过且过。这种人最大的问题是不会分析个人的原因，而是觉得公司对自己不公平，他们的投入没有得到相应的回报，慢慢就成了老油条。他们工作不努力，喜欢跟一些不好的老员工抱团，喜欢在新员工面前不停地抱怨公司，不停地输出负能量。

除了老油条，后 30% 的人里还包括一种人，就是“老白兔”。他们的工作态度是可以的，也不怎么偷懒，但是经验主义太严重，学不进新的知识，就是说他们的认识水平和学习能力已经跟不上公司的发展，达不到公司提出的更高的要求。但他们作为公司的老员工，往往级别比一般人高，如果不处置这种人，那么问题就来了。

一个平庸的人，一个没有相应产出的人，只要在这家公司待的时间足够长，就足够安全。所谓没有功劳也有苦劳，这是一种很不好的风气，会给其他员工做坏榜样。留下他，他会成为一个“毒瘤”，让你整个团队的节奏变慢，效率变低。

对这两种人怎么办呢？尤其是后面这种勤恳但没有产出的老员工，一刀切地赶走并不是最佳选择，会让其余员工有想法，觉得公司太没人性。

所以，我们具体问题具体分析。比如，你觉得这个老员工在销售一线岗位上做了三年，有职业倦怠感了，那就尝试着给他换一个岗位，让他去销售策划部或市场部看看，或者他原来是做上海渠道的，现在让他去做浙江渠道。我们常说“树挪死，人挪活”，就看看能不能把他“挪活”，让老树开出新花来。除了轮岗，还可以授权他做更多的事，让他承担更多的责任，让他感受到公司对他是有期待的。万一他是能力不够呢？你就辅导他、培训他，帮他一起改进。如果以上这些都做了还是不行的话，你也做到了仁至义尽，到了该说分手的时候了。

这种时候可不要去讲什么哥们儿义气，哥们儿义气不能用在公司里。你作为一个管理者，首先是一个团队的带头人，得为团队负责，然后才和员工是哥们儿，这两者是大我和小我的问题，也是大爱和小爱的问题，要分清楚。

总结一下：三个月试用期结束时，要识别出表现最差的 30% 的人，这部分人可能是招错了，要尽快请他们走；满一年时，识别出他们中头部的 30%，作为重要人才加以培养和任用；最后，到第三年，要识别出一头一尾的 30%，分别对待。

人才盘点九宫格

人是立体而复杂的，我们依据上述的用人理念留下来的人才也是各有不同的。这一节我给大家介绍的人才盘点九宫格，是世界500强公司普遍采用的一种人才管理工具（见图7–1）。它通过两个维度对人才进行识别、分类，第一个维度是绩效表现，第二个维度是发展潜能。

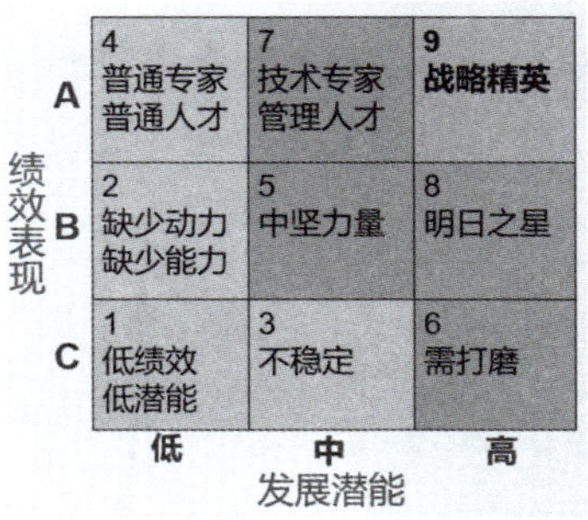

图7–1 人才盘点九宫格

既看绩效又看潜能

我们把绩效表现由高到低分为A、B、C三档，A最高，C是末位。要评价一个人才的价值，我们看他多长时间的绩效表现呢？大部分公司会关注他持续两年的绩效。如果你们公司本来就成立没多久，或者人员流动性比较强，那至少也要看一年的绩效，半年太短了，不确定因素太多，会干扰你的判断。

发展潜能是什么？为什么要看发展潜能？这么做是告诉你，绩效好不一定代表这个人有培养价值或发展潜能。

潜能可以从几个维度去判断。第一点，这个人能快速适应复杂的多重任务，能跟得上市场变化，也能跟得上公司的发展速度。第二点，他对新任务不仅不排斥，还会举一反三，不光出色地完成了，还展示了总结复盘的能力以及思辨能力，以后再有新任务你就可以放心交给他了。第三点，这个人从意愿上来讲，渴望学习新技能，提高个人的领导能力，也就是说他是一个学习型的人。对新事物充满好奇，对学习充满兴趣，他不觉得学习是负担，而是一种乐在其中的事。如果他满足这三点，你就可以判断他是一个发展潜能很不错的人。

发展潜能也分为高、中、低三档，和绩效表现的三档结合在一起，形成两个维度，把人才分成了九个类型。这就是人才九宫格。下面我来具体盘点一下。

九宫格里的各式人才

最好的人才绩效表现最好，发展潜能最高，你甚至都看不到他们的天花板。他们始终在学习新东西，愿意接受新任务，让他们做什么好像都挺不错的。这种最好的人才，可以叫作“战略精英”，作为第一梯队，放在 9 号格子里。也许不同级别的员工中都有这样的人才，你也可以把他们放在同一个格子里。只要具备这两种特质，他们就属于同一个阵营，都是最优秀的。

如果你的9号格子里没有合适的人，那么看看8号格子里有没有。这种人潜能很高，但目前的绩效还不是拔尖的。这种情况也没关系，他们可能来的时间还不久，经验也不是太多，但是你能看到他们的成长速度很快，这种人就是第二梯队的，叫“明日之星”。你的团队如果有8号格子的人，培养起来也是很快的。你关注他们，研究他们的优势与劣势，帮助他们规划职业发展，给予他们适当的权利，适当锻炼他们，他们就会进步很快。因为这种人的特点就是潜能高、学习能力强，所以你只要用好他们，他们就会做得很不错。

接下来我们看看7号格子，这个格子里的人有什么特点？就是他们绩效表现很好，发展潜能目前看来不能说最好，但还是非常不错的。这部分人也是很可贵的，将来可以成为专家，也可以成为管理者，就看公司的战略需要了。如果公司规模扩张得很快，你急需管理者，那就把7号格子里的人往管理人才方面培养；如果公司没有招进来那么多人员，你需要技术专家型的人，那就把他们往技术专家方面培养。他们的绩效很好，说明实战能力很强，潜能不错，学习能力、领导能力等也不错。所以对公司来讲，7号格子的人才也是很值得重用的。

6号格子里是什么人？他们的绩效比较低，但潜能却最高。这种人像什么？像钻石原石，只要经过打磨就会大变样。但怎么打磨就非常考验你这个管理者的水平了。如果他们刚进来时绩效很低，这很正常，因为他们处在新人阶段。但六个月以后，他们的绩效依然是最低的水平，同时你又发现他们学习新东西很快，而且对新事物充满了好奇心，这时你就要问问自己，你是不是把这些人放错位置了。

我们用人就要用人的强项，这时候你可以给他们调岗，看看哪一个岗位是他们比较有兴趣也比较擅长的。如果调了一个岗位后，这些人的绩效还是比较低，那我告诉你，他们可能就不是钻石，只是一块普通石头罢了。不是说他们有潜能吗？要知道潜能还要沿着正确的方向发展，最终演变为能力才有意义。当他们没有把天资转化为能力时，就等于没有天资。那你就只能把他们归到 1 号格子——低绩效、低潜能的格子里了。

5 号格子也是大部分人所处的位置，就是潜能是中等，绩效也是中等。我们通常会把这部分人叫“中坚力量”，也称为“老黄牛”，类似于取经团队中的沙和尚。如果遇到这种人，就要不断地激发他们、辅导他们，给他们一些学习的机会，让他们的绩效一点一点提升。虽然他们不具有很高的潜能，但能够一步一步地跟着走，只要他们成长的速度跟得上公司的步伐就行。

归入 4 号格子的是普通的专家人才，就是绩效很好，但潜能不怎么高的人。比如说，一个人在销售岗位上做了三四年，积累的老客户比较多，又有经验，所以他的绩效不会差。但是如果你让他带一个徒弟，他总是不得法，总结和传授能力都不行，培养不出新人；你给他换另外一种业务，哪怕同样是销售，恐怕也不行，他的学习能力和接受能力都比较差，会拖累团队的业绩。

针对这部分人，你尽量不要动他们，不要让他们去挑战新的岗位，让他们在所擅长的岗位上发光发热就可以了。不是所有人都必须去轮岗，轮岗是为了锻炼那些你想培养的人才。而对这种专才，你给他们足够的薪水和足够的地位，他们就能把这件事做到最好，也非常不错，公司也需要这样的人才。

1 号格子和 3 号格子的人绩效都很低。你心里要清楚的是，1 号格子里的低绩效、低潜能的人是必须清退出去的。3 号格子的人呢，现在他们的绩效是低水平的，而且很不稳定，学习的能力又一般，长期来看绩效还是比较低的。这部分人你也要尽快识别出来，找合适的时间请他们走。

最后就是 2 号格子里的人，他们是绩效中等、潜力比较低的人，最终会跟不上公司的发展。因为他们现在绩效“刚刚好”，觉得混在中游挺好的，没有更高的追求，不愿意去挑战更高的目标。你让他们去学习更多的东西，他们既没有动力，能力也不足，也不敢去承担更多的责任。

这部分人可能暂时是公司所需要的，但不进则退，随着公司的发展，随着周围同事的不断进步，最后他们一定会掉队。所以，2 号格子里的人到了某个阶段，就会被“请走”或自己主动离开团队。

以上我根据人才盘点九宫格理论，讲了把团队里的人分进九个格子的办法。需要强调的是，我们讲的这两个维度——绩效表现和发展潜能，一定要建立在价值观基础之上，这个人的价值观必须与公司的价值观相吻合、相匹配。如果价值观不同，那什么战略精英、高潜能人才就成了无根之木，是不可靠的。你既然把一个人放到战略阵营的格子里，就意味着你可能会重用他。而你一旦重用了一个德不配位的人，对公司的伤害是非常大的，职位越高对公司的破坏就越大，就越危险。所以，我们必须在价值观相符的前提下，再通过绩效表现和发展潜能去盘点人才。

个体化盘点：优势与瓶颈

如果九宫格里只是一个个枯燥的名字，那还算不上是完成了盘点，我们还需要通过“贴标签”展示各人的优势与瓶颈，对他们进行个性化补充。

比如，阿里巴巴一直运用的“关键岗位的个体盘点”就很有意思。阿里巴巴有四大人才观，就是聪明、皮实、乐观、自省。如果觉得张三最大的特质是聪明，那么就给张三的照片旁边贴上“聪明”的标签。上面除了张三的基础信息（包括入职时间、目前的岗位、过往的主要经历）外，还列出了他的优势与瓶颈。优势当然是指他最核心的、对公司来说最稀缺的优势。瓶颈呢？这可不是指那些无关痛痒的普通缺点，而是指会影响他职业发展的关键缺陷。

比如说，他是一个工程师，协调推动项目的能力是他的瓶颈。你找到了瓶颈，还要用关键词去描述一下。沟通协同能力比较弱，你怎么去描述？你可以说，他在跨部门沟通时常被投诉，凡是需要协同的工作，常因沟通不畅只能独立完成，从而拉低效率。几句话就描述清楚了问题所在，接下来就可以实施你的管理动作了。

你是想把他培养成专家型的人才，还是培养成管理者的接班人？根据目标，你应该很清楚要去提升他的哪一点，所以接下来无论是让他轮岗，是授权他做哪部分的事情，还是让他去参加某一个培训，都是你的管理动作。

如果公司的每一个人才都经过这样盘点、安排，老板、高管和其他部门的领导看到的人才报告就不再只是枯燥的表格、文字，而是一个个鲜活的人。这样的话，人才通过盘点更容易被大家发现，会吸引大家来关注这个人才的成长，而不是在需要用人的时候，再去问人才在哪里。

前面讲了人才盘点的方法，那么你是不是很好奇公司要多久做一次盘点呢？一般公司每年都会做资产的清点，但我发现很多公司竟然没有人才盘点的概念。难道人才的价值不比公司里的任何设备、原材料更大吗？所以，至少也该每年盘点一次人才。

但像阿里巴巴、百度、华为、字节跳动这样的大公司，一年盘点一次都不够，至少得两次。它们的绩效考核是上半年、下半年各一次，每次考核完后正好盘点一下人才，看看人才现状怎么样。

人才培养四步骤

盘点结果出来后，接下来要干吗？当然要有动作，就是要对人才进行培养。我总结了人才培养的四个步骤。

假如你希望这个人才未来能成为一个优秀的管理者，那你第一步得对他进行理论培训。比如，通过“赢者思维”课程，对管理能力做系统的培训。如果他成了事业部的负责人，那么仅学习“赢者思维”课程还不够，你要让他知道怎样去建机制、建流程、建体系，要培养他的系统化思维、抽象化能力，通过组织进化系统的训练，让他知道怎样培养团队文化、设计晋升通道、去做绩效管理，让他知道如何通过机制、系统去解决问题、完善体系。

当然，培训不等于成长。培训是知识的灌输，要让知识转化为技能，就需要做第二步——你必须让他去实践，而且为了保证实践确有成效，你还要健全相应的检查机制。

管理中有一句话称得上真理——“没有检查就没有执行力”。怎么检查呢？你可以让他写周报、月报。在周报里面，要有一周的计划，完成了哪些，没完成哪些，没完成的部分也要做分析。在之前的章节中我强调过有效沟通，在这里你可以要求他在周报里加上这些内容：这一周与哪个员工进行了沟通？沟通的目的是什么？辅导了他什么？他的问题是什么？双方达成共识了吗？下次什么时候跟进？这样就让培训内容融入你的检查机制了。

将所学的管理模式付诸实践，并不是说说那么简单，它有一个从僵化到优化再到固化的过程。很多大公司就是这么走过来的，阿里巴巴学习通用电气公司，华为学习 IBM，一开始也“水土不服”、生硬僵化，执行起来怪怪的。

的确，模仿免不了生硬。比如，他在用所学的沟通技巧与员工交流时，一开始肯定有些僵化，不自然。没关系，你鼓励他多练练，多观察对方的特点和反应，不断进行分析和总结。你还可以通过建立管理论坛，讨论他在实践中遇到的问题、取得的心得，或者让他进行现场演练，不断对沟通技巧进行优化，最后把它固化下来，成为自己独特的辅导员工的方法论。这就是他在实践中的成长。

第三步是述职辅导。述职是什么？就是他每个月不只要写周报、月报，还要来跟你当面汇报，讲一讲这个月他的团队业绩怎么样，人才梯队的培养有什么进展，他自己的个人成长有什么心得，等等。听完他的述职，你还要给他反馈，他所做的哪些工作与当初培训老师所教的内容是吻合的，他值得肯定和有待改进的地方分别是哪些，通过这种方式给他做辅导。总之，让他述职不只是为了检查他的工作，更是为了帮助他成长。

人才培养的第四步非常关键，是老板和高层要去做的，就是建立机制，把人才培养和团队建设等方面都纳入公司的绩效管理和晋升机制。

如果你只是通过周报和述职去督促他，得到反馈，而公司的考核、晋升机制没有跟上，到最后会发现他只会把拿结果看得很重。

前文提到不要依赖聪明人，要让聪明人尽可能多地输出他们的无形资产。通过考核团队建设、人才培养的成效，促使聪明人把经验输出给团队，把优秀复制给更多的人，为公司注入新的生命力。这样的人才值得晋升，值得你把他放在更高、更重要的岗位上。所以，建立健全机制非常重要。

前面是对管理者的培养，对专业人才的培养也一样。只是专业人才参加的是专业理论的培训，培训完以后也要去实践，也要经历僵化、优化到固化的过程。当然，最重要的是要学会分享，学会带徒弟。对专业人才的考核同样是全面而有效的，是能让个人和公司都成长的。

在这一节的最后，我再跟大家强调一下，无论是管理者还是专业人才，学了理论培训的课程后，绝对不会自然而然就成长。如果没有后续的三步——实践、述职和健全机制的引导，基本上不用一个月就被“打回原形”。

人才培养法：情境领导力

本节专注于辅导环节。在日常的工作中，应该因材施教，针对不同水平的员工给予不同风格的辅导。

四象限管理法

首先按照进公司时间的长短把员工分成四类：刚入职的新人是第一类，3 ~ 6 个月的是第二类，1 年左右的是第三类，而两三年及以上的就是老员工，是第四类。一般来说，这四类人在工作上的成熟度也是由低到高的。

然后把领导的行为分为两种：支持行为和指导行为。支持行为是什么？就是“我给你支持，给你授权”。指导行为，顾名思义就是“我教你，我辅导你”。根据这些行为，可以把领导风格分成四类：S1（高指导低支持）、S2（高指导高支持）、S3（高支持低指导）、S4（低支持低指导），如图 7–2 所示。

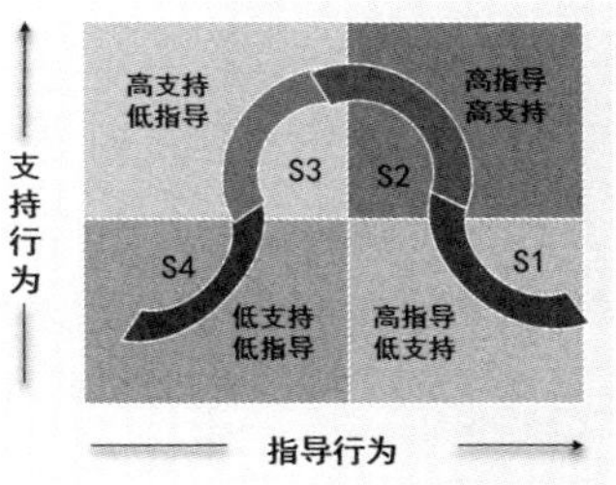

图 7-2　领导风格分类

S1 象限里是试用期的员工，对应着 S1 的管理模式。通常情况下，新人刚进来时对工作有新鲜感，意愿也挺好的，总想做出点成绩，但他能力不足。这时你对他就要采取高指导低支持的管理模式。也许你会说，我们可以直接录取有经验的人啊。但你想想看，一个初来乍到的人，对公司的产品、流程是不是得有个熟悉的过程，对团队的文化和同事是不是也得有个接纳的过程？这时候他是需要自由发展的空间，还是需要方向明确的指令？所以，你不能认为，“我们要民主一点，要给新人时间和空间”。这时候你的管理风格就要是指令式的，他不会你就教他。如果他是销售员，你就教他话术，他按照你说的去做，遇到了问题你再来帮他分析。这就是高指导低支持。

如果员工已经来公司快 6 个月了，这时候他的意愿是不是会有所下降？为什么新人的离职有很大概率发生在试用期？就是因为他来的时候意愿很高，觉得这家公司应该挺好的，但是很快就发现，想象与现实是有差距的。“唉！我本来应该挺喜欢做这方面工作的，但怎么还有这么多枯燥的数据要处理呢？怎么和我想的不一样？”职场新人特别容易出现这种状况。失落之下，他要么离职，要么就以低意愿状态成为 S2 象限里的员工。此时他的能力也许有些许提升，但还没有到能独当一面的地步，所以，低意愿、低能力就是他的特点。面对这种人要怎样做？很明显，必须双管齐下，既要刺激他的意愿，又要教他方法。

但是这个时候请记住，你的工作方法要跟第一象限的有所区别。不能直接告诉他该怎么做，否则会让他产生抵触心理，他会想："我又不是新员工，还要你教？我不能有自己的想法吗？"所以不能这样直接下指令，而是得把自己当成一个教练，通过互动的方式指导他。举个例子，小刘这个月没完成目标，你可以说："小刘，来来来，我们一起坐下来聊聊这件事。我想问一下你，你接下来准备怎么做，有什么想法？"先让员工自己讲，他讲完之后，可以跟他说："我觉得你说的第一点非常不错，可以试试。第二点呢，我想补充一下，在这一点上再加上点什么，你看是不是会更好一些？"

你们一起聊完，最后的意见一定要以你的为准，因为他还没有学会独立"走路"，需要你的指导。你表达了对他的尊重，尊重他的思考，尊重他的观点，这就是你对他的高支持；帮他优化、提升是你的责任，这就是你对他的高指导。

到了 S3 象限，员工在这个岗位上干了差不多一年了。对于一般的岗位来说，这个员工应该能够胜任基本工作了，除非有点挑战性的任务。这样的员工的意愿有什么特点？我之前讲过，你要在这一阶段提前识别出这一批员工中前 30% 的佼佼者。一个这样的员工，就是一个谨慎能干的执行者，那些基础的事情他都做得不错，称得上能干，但是你想授权他去做稍微有点挑战性的工作，就会发现他不太自信，所以他是比较谨慎的执行者。这时候你的领导风格就要转向高支持、低指导，以激发他的意愿、他的热情为主。

这个时候的沟通方式应是什么样子的呢？跟 S2 一样的是，他说你听，在尊重与理解的前提下，对方案进行讨论。不同的是，最后的意见要以他为准。所以，S2 和 S3 都属于员工参与式的辅导，但意见一个以你为准，另一个以他为准，因为他的成熟度变高了，而且亟须提升自信，你的授权和支持对激发他的意愿大有裨益。

到了 S4 象限，员工在公司已经工作两三年或更长时间了，他在这个岗位上已经完全能够独当一面了，即便给他一些有挑战性的工作，他也能够做好。就是说，你承认他的意愿很强，能力也很不错，那么对待这样的员工，你要做的就是精准地放权，或者说低支持、低指导，让他充分发挥潜力，让他拥有成就感，从而产生更高的意愿。需要解释一下的是低支持不是不支持，而是你就在离他不远处，会及时地给予他需要的资源保障，只不过你给他自由发挥的空间更大罢了。

一视同仁是管理大忌

针对不同象限使用不同的管理办法，就是所谓的情境领导力，不论哪一个级别的管理者都需要具备这种能力。它告诉我们，一定要对员工进行区分，从意愿和能力上进行区分，然后一把钥匙开一把锁，千万不要对所有的员工都一视同仁。

举个例子，你喜欢给员工授权，给他们充分发挥的空间，只要他们及时给出结果就可以了。这种管理手段像什么？是不是像 S4 的风格？你以为自己很民主，但你有没有发现对于 S1 型员工来说，最需要的不是空间？

如果说你的团队里老员工做得如鱼得水，对你也挺满意，但新人却总是“活不下来”，流动性非常强，那就说明你是一个给空间型的管理者，你在新人的跟进和辅导上做得不够。你这种 S4 型的领导风格只适合全部成员成熟度都比较高的团队。

再举个例子，假如你是个特别爱操心的人，什么事都要亲自去交代员工该怎么做。一旦事情不在你的掌控之中，你就会很焦虑，会担心他们到底能不能交作业。你对所有的员工都是这样，只要一个员工一两天没来给你汇报，你就莫名地不安，就要到他的岗位去查看。这种情况下你就要明白，你是 S1 型的领导。手下的老员工和优秀的员工受不了你一直这样。他们会觉得你不信任他们，把他们当小孩、当新人一样看待，觉得你会认为这个团队里就你厉害，别人都不行，必须按你的方法做才是对的。长此以往，老员工谁还会有积极性？当他们能够独当一面时，要么就是离开这家公司，要么就是转岗，总之就是想远离你。只有新员工才会在你这里“活”得挺好，觉得你很努力、很勤奋，跟他们战斗在一起，辅导他们时也很有耐心。但这可不是值得你欣慰的事，新员工慢慢成长为老员工后，也会不喜欢你。

那能说 S1 型的领导风格不好吗？不一定，要看你带的是什么团队。如果你带的是一个全部由新人组成的团队，那么 S1 型的领导风格一点毛病都没有，你会发现这些新人成长得特别快，因为你手把手教得特别好。

至于 S2 和 S3 型，它们的共同点是什么？就是民主。员工遇到什么样的事，你都说“来来来，我们一起坐下来商量一下”。如果大家争论不休，你会说“干脆大家一起来投个票吧”。看起来又有亲和力又懂得尊重人，这种领导风格员工一定会喜欢吗？还真不一定。你是领导，很多事情要你决断但你不决断，把责任分摊给员工，员工也会很烦，会不喜欢你这种优柔寡断的领导。你总是拖延，迟迟不给他们回复，那他们的工作就没办法推进，最后事情做不成，还得替你“背锅”。

所以，这种民主型的领导风格，适合成熟度中等的，能力和意愿都有待加强的员工。

情境领导力的道理也许一听就懂，但在实际工作中真能够用好的人其实不多。如果你能够对不同的员工进行比较准确的分类，然后用不同的风格去指导他们，你至少是一个 70 分的管理者。

棒杀和捧杀都是在浪费人才

什么叫棒杀？什么叫捧杀？我举两个案例来说明一下。

案例一

有一家公司请我去做咨询，这家公司有一个挺优秀的总监，他的策划一直做得非常不错，上司对他也很信任，一直给他很大的自由度。策划案基本都是由他来提交，上司大致看一下就批了，有些项目的推进、汇报、培训，他都做得挺好。

但有一次这个总监做错了一件事，就是在一个策划案里写错了一个字，导致表达的意思出现了很大的误差，但上司没有发现。最后在媒体上投放出来后才发现出了大错，但公司的钱已经花出去了。

上司很生气，也觉得很奇怪，把总监叫过来，说：“我当时跟你交流的时候，应该讲过不要用这个字的，你怎么还用呢？你怎么会犯这种低级的错误呢？”

总监觉得很冤：“我真的不记得你跟我讲过，而且我已经跟你讲了我的方案以及为什么要做这个方案，你也是同意的啊。”

但上司坚持说：“你没有讲清楚，我压根儿都没有想过你会用这么一个字。这件事发生在别人身上我觉得没什么，但发生在你身上让我很失望。我这么信任你，我以为我们应该是很默契的，很显然这次你没做好，让公司损失了很多广告费。”

后来，上司经常在各种场合把这个案例拿出来做反面教材，而且指名道姓。最后总监变成什么样了呢？之前他汇报工作的时候铿锵有力，非常自信，现在他变得非常谨慎，每说几句就要看一下上司的脸色，连声音都明显小了很多。最关键的是什么？他后面做的每一个项目，哪怕是一个很小的项目，上司都要逐字逐句地过审，连标点符号都不放过，就像对待新员工一样。

在这个例子里，这个上司是把总监放在哪个象限里呢？刚开始很明显是把他放在S4象限，那事发后呢？直接把他调到S1象限去了。管理方式从S4型退回到S1型。一个人的能力怎么可能一下子就不行了呢？但实际上有些时候我们在管理上就是这么冲动，会让情绪影响自己的理性判断。

当你摧毁一个员工的自信时，你就失去了这个员工身上最宝贵的东西。因为一个员工没了自信，他干什么事情都会畏首畏尾，不敢主动做事，怕犯错误，不愿承担，恨不得每件小事都来问你，由你做决定。这下他不会犯错误了，因为犯错的只能是你了，这就是你想要的吗？

那么，假如你是这个上司，你应该怎么对待犯了错的总监呢？对应的管理方案应该是，下次他再做一个方案时还是放手让他去做，做完以后你可以跟他说：“来来来，我们一起来聊聊这个方案。”听他说完后，你可以跟他说：“噢，这个方案总体上非常不错，我就提出一点想法，你看看合不合适。比如在这一点上，如果加入××，你觉得会不会更好？”也就是说，你们一起商量，最后仍以他的意见为准，让他来做选择，整个方案仍旧是他的成果。这样的管理方法就相当于把他调到了 S3 象限，他是不是好接受一些？作为总监，他可能也希望你能在关键的点上给他把把关。只是他绝不可能希望你什么东西都要问，每一个字都要审。

这件事还可能有另一种结局，就是总监会辞职。他觉得反正已经犯错了，他在上司心目中已经不是当年的自己了，在这里没前途了，干吗还留在这里呢，还不如去寻找另外的天地。

这两种结果——要么没自信地留着，成为一个平庸的员工；要么受不了羞辱，甩手走人——对于上司来说，都不是好结果。

案例二

公司来了一个新员工，上司把一个一两万元的小项目交给他，结果发现这个新员工做得非常出色。虽然是小项目，但看得出他能够举一反三，把细节考虑得很周全，同时还能考虑到下一个环节。上司非常惊喜和满意，第二次就跳过了 10 万元、50 万元的，直接给了他 100 万元的项目。

上司还给他打气："我特别看好你，你爱思考，学习能力强，还非常有责任感，所以我今天给你这个 100 万元的项目。这个项目要跨三个部门，你去推动，我对你绝对有信心。"

请问这个上司犯了什么错误？是不是他对这个员工的管理直接从 S1 型跃到 S4 型了？他是一个主观意识很强的管理者，没有学过情境领导力，所以看到员工完美地做成一件事，就迫不及待向员工放权。

按照我们前面所讲的人才成长逻辑，做 100 万元的项目，有很大概率是要出事的。他从没做过这么大的项目，涉及的那些部门也是他作为新人所不熟悉的，推动项目时会遭遇很多意想不到的困难。

所以，就算他胆子很大，真的接过了项目，最后的结果很可能也是达不到上司要求。一旦上司很失望，又把他“丢回”S1 象限，这个员工会不会受挫？会不会接受不了这样的大起大落，最后辞职？

以上两个例子分别描述了两种管理行为：棒杀一个人和捧杀一个人。犯了错，从 S4 型直接回到 S1 型，这是棒杀；做得好，直接从 S1 型跳到 S4 型，这是捧杀。这两种管理行为都不是正确的培养人的方式，是任性和无知，最终会造成人才的浪费。所以，管理一定要讲科学，不能凭感觉走。这是需要大家特别注意的。

管理者要避免惯性思维

还有一种错误也是管理者容易犯的，就是惯性思维。比如说，你手下有个销售冠军，你觉得他是最棒的，公司的大客户、小客户，无论什么性质的客户，没有他搞不定的。他就等同于“靠谱”两个字，你给他贴了这样一个标签。从此你就认定只要把事情交给他就可以放心，这就是惯性。这是很可怕的。

你要出差几天，让他临时代替你来负责公司的例会和其他日常工作，你对他说：“你是我最得力的助手了，授权给你，我特别放心。”结果很可能是一地鸡毛，搞不好团队的其他成员还会跟他闹矛盾，他自己也一肚子怨气。为什么会这样呢？

当他做销售时，他是销售冠军，当然是 S4 象限的员工。但当你把他放在临时主管这个位置上的时候，他就是一个新手，你却依照惯性还是把他放在 S4 象限里，完全授权给他。他也许不那么熟悉流程，也许还没有学会上位思维，因此，出错是完全有可能的。

再举个例子，你们公司花重金从外面“挖”过来一个高级销售主管，作为稀缺人才，他当然被你重视有加。你信心满满地对他说：“我们面试时聊过，你非常优秀，在原来的团队做得非常好，我们两家的产品只是略有差异，应该很对你的路子，我会给你足够的空间，你就放心去做吧，我相信你会跟原来一样能做好。”

结果呢？做了两个月、三个月后，他还是没有业绩，你着急了。于是你开始干预：“我们公司的销售风格一向是短平快，一个月不出单的都很少，两个月绝对不正常了，你这是怎么回事？”这个高级销售主管说：“我在放长线钓大鱼，客户是养出来的，我在别的公司就是这么做成功的。这是我的做事风格，你要相信我啊。”

在这两个例子中，管理者犯了什么错误？是不是因为惯性思维而过分授权了？无论是销售冠军临时代替你这个主管主持工作，还是高级销售主管跳槽来到你这家公司，他们再优秀，在当下的岗位上也是新人，你都不能按照惯性思维直接把他们放到 S4 象限里去，你必须给予适当的辅导。前者，你需要跟他交代工作流程和你的管理思路；后者，你需要跟他谈目标，一开始你就要让他了解你们的企业文化、签单周期，协助他与其他员工进行配合。

在这一节的最后，我再强调一下组织人格。

常听到有些管理者说：“我这个人就是一个‘细节控’，我喜欢抓细节。”你这么说的时候，其实就是在告诉别人，你喜欢用 S1 型的管理风格管理所有的员工。

还有的管理者说：“我喜欢放权，凡是到我的团队的人，我给的空间都很大。”你这么说的时候，是不是觉得自己是个好领导？其实本质上这就是 S4 型的管理风格。

还有的管理者说：“我这个人很讲民主，我们团队形成的制度目标，都是经过大家反复沟通举手表决的，我充分尊重大家的意见。”你这么说的时候，是不是觉得自己是个很开明、很有现代意识的管理者？你有没有想过，你这种民主型的管理风格对 S1 和 S4 象限的员工并不合适？需要 S1 型管理风格的新员工，会觉得你的民主让他很抓狂，你老是来征求他的意见，不如直接教他怎么做。S4 型的员工呢？他觉得你太磨叽了，明明你就可以一锤定音，却整天搞什么表决，一点效率都没有。

所以，不要老是去强调你的风格是什么样的，一个优秀的管理者没有那么多的风格。严格地说，优秀的管理者没有所谓的个人风格，只有组织人格。你的团队需要你具备什么样的风格，你就要有什么风格，要因人而异，因时而异，不断切换。

16 字辅导方针

这一节重点介绍一下能快速带出新人的 16 字辅导方针：“我做你看，我说你听；你做我看，你说我听”。这也是阿里巴巴的管理秘诀之一。

辅导要形成闭环

在辅导新人时，你是不是经常会犯下面这些错误？

一是员工不会做，你三下五除二直接帮他把这件事做了，做完以后就匆匆忙忙地离开了，因为还有一堆事情在等着你。这种情况说明，你并不是以教人为目的，而是以解决事情为目的，你的眼中只有事情没有人，总这样的话，新人就不会得到很好的成长。

还有一种是打官腔。员工过来跟你说：“老板，这个任务我有点搞不明白，我不知道该怎么做。”你说：“哎？上个月我们不是刚培训过吗？你想想看，我们是不是说了有三步，先做什么，再做什么，最后做什么？是不是讲过？想起来了吗？来，你再给我讲一遍。”等员工给你讲了一遍，你说：“好了，你回去就这样做吧。”

要知道，看到和做到是两回事，知道和做到也是两回事，对一些资质平平的人，甚至可以说中间隔着一个太平洋。你怎么确保他会做了呢？他要是真的听了一遍就会做了，上次培训完以后，他怎么还不会呢？

所以，这两种方法其实都不是在真正地辅导员工，而真正的辅导要形成闭环。

员工有问题来找你，这个时候你可以做给他看，做完以后你还要说给他听："你现在知道我是怎么做的了吧？你知道我为什么这么做吗？我们这个问题的根本在哪里？我来告诉你我的思路是什么。"这就是知其然还要知其所以然。

然后，让他按这样的解决思路再做一遍给你看，做成了以后呢，再说给你听，让他思考一下，为什么这次他就成功了，上次却不行。下次再遇到这样的问题他就会处理了。反馈进行到这里，你的辅导就形成了闭环。

当然，不是说这个闭环必须当时就要形成，但是"我做你看，我说你听"这两步要一次性完成。至于他是不是马上要做给你看，要视具体情况而定。

如果当时时间、环境不允许，你可以这样说："我记得接下来你还有几件类似的事情要做，那我跟你约好，星期四你做这件事情的时候，我再到你的身边来，看看你是不是会做了，可以吗？"

到了星期四，让他做给你看，然后让他说给你听。以前我自己带新的销售员的时候，就是用这种办法辅导的。

我带新人首次去拜访客户时，我不是主角，我的主要任务是锻炼这个新人，做他的助理。

因为我们事先在公司做过培训，也在课堂上演练过，相当于完成了“我做你看，我说你听”的环节，所以这时我会让他先去和客户谈谈。谈完之后我问他：“你为什么这么谈？你对他的判断是什么？这次的进度有没有达到你的预期？问题出在哪里？你下次跟进是什么时候？”让他一一说来。

下次和他一起拜访另一个客户，我会先跟他交流一下这个客户的背景。这次我来谈，他坐在旁边当我的助理。这就是我做给他看，出来后再分析这个客户我为什么这么谈，他有没有什么疑问。经过一番教与学的沟通后，再有客户就又是他去谈，我给他拎包。

这个辅导的闭环循环了多次，结果就是几天下来这个新人成长得非常快。培训、辅导时，光坐而论道是不够的，在实战中当陪练，做这种教练式的辅导才是见效最明显的。

善用辅导表

我们还可以借助员工辅导表（见表 7–1）来完成这种闭环式辅导。

表 7–1　员工辅导表

姓名	辅导时间	优势	不足	辅导了什么	改进了什么	下次跟进时间

比如说，你在辅导张三，你在辅导表上写下他的名字，注明你在 4 月 2 日辅导了他，你发现张三的优势是破冰工作做得非常好，不足之处是解决价格异议时话术不流畅，底气不足，显得很不自信。

那你这次辅导了他什么？你教了他解决价格异议的话术。那他改进了吗？如果没有明显改进。那么下次跟进时间你就写上 4 月 8 日，到那天辅导表就会提醒你。

4 月 8 日到了，你再次对张三进行辅导。这一次你发现他除了破冰做得不错，还很有勇气，你赶紧记下来。那接下来的工作是什么？是不是要看他面对价格异议时的话术有没有改进？你希望能解决他信心不足的问题。

结果他比上次有进步，一部分话术用得不错，但是还有一部分话术掌握得不太灵活。没关系，你在辅导表上写好下次跟进的时间。

这样的一张辅导表有什么好处呢？

举个例子，在阿里巴巴，每一个主管都有这么一张表。当员工从一个岗位转到另一个岗位时，前任主管就会把这张表转给下一任主管。这张表就是员工的成长档案，有助于主管迅速了解他的新员工，开展工作更有效率。

除了这个作用以外，表格会记录你的追踪过程，规范你的辅导行为。

如果你不写，你就很有可能在 4 月 8 日不去跟进，因为你没受到约束。没有追踪，你就不知道他到底有没有坚持用你的方法。一些管理者总爱抱怨员工为什么老是犯同样的错。其实真相是，教了他后没有去追踪，等到偶然经过他的身边时，发现他竟然还在用原来的错误方法。

一个人改变自己的做事习惯和思维模式是不容易的。怎么样避免边教边忘、做无用功呢？最好的办法就是善用这张表。你定好时间去跟进、检查，看他有没有改进，如果只改进了一部分，或者在改进的同时又出现了新的问题，那就继续做辅导，并设定下一次跟进的时间。这种辅导方法对你、对员工都是一种约束。

以上我所教授的一些培养人才的方法，读者们可以在实践中尝试着用起来，员工成长了，你们的公司才有更足的后劲。